Joseph Haupt

Über das mittelhochdeutsche Buch der Märterer

Joseph Haupt

Über das mittelhochdeutsche Buch der Märterer

ISBN/EAN: 9783845790190
Erscheinungsjahr: 2012
Erscheinungsort: Bremen, Deutschland

© Unikum Verlag in Europäischer Hochschulverlag GmbH & Co. KG, Fahrenheitstr. 1, 28359 Bremen. Alle Rechte beim Verlag und bei den jeweiligen Lizenzgebern.

www.unikum-verlag.de | office@unikum-verlag.de

Bei diesem Titel handelt es sich um den Nachdruck eines historischen, lange vergriffenen Buches. Da elektronische Druckvorlagen für diese Titel nicht existieren, musste auf alte Vorlagen zurückgegriffen werden. Hieraus zwangsläufig resultierende Qualitätsverluste bitten wir zu entschuldigen.

Joseph Haupt

Über das mittelhochdeutsche Buch der Märterer

ÜBER DAS

MITTELHOCHDEUTSCHE BUCH

DER MÄRTERER.

VON

JOSEF HAUPT.

WIEN, 1872.
IN COMMISSION BEI KARL GEROLD'S SOHN
BUCHHÄNDLER DER KAIS. AKADEMIE DER WISSENSCHAFTEN.

Aus dem Märzhefte des Jahrganges 1872 der Sitzungsberichte der phil.-hist. Classe der kais. Akademie der Wissenschaften (LXX. Bd., S. 101) besonders abgedruckt.

Druck von Adolf Holzhausen in Wien
k. k. Universitäts-Buchdruckerei.

In der Abhandlung über das mitteldeutsche Buch der Väter habe ich (Sitzungsberichte Bd. LXIX. S. 109) bereits bemerkt, dass von dem Buche der Märterer noch mehr Hss. vorhanden sind, wenn auch nur in Trümmern, als man bisher geglaubt hat. Seit Hoffmann von Fallersleben zuerst in den Altd. Bll. II. 86. von der Kloster-Neuburger Hs. Nachricht gegeben und Wilken in seiner Geschichte der Heidelb. Büchers. die Heidelberger Hs. unter Nr. 342, S. 428 verzeichnet haben, ist eigentlich nichts weiter für eine eingehende Kunde des Buches geschehen. Im Gegentheil haben die Geschichtforscher und Geschichtschreiber der deutschen Literatur und darunter die ersten Namen, wie W. Wackernagel, eine ganze Reihe von Legenden, die sich aus dem Buch der Märterer in verschiedenen Hss. der k. k. Hofbibliothek zu Wien und anderwärts zerstreut vorfinden, als selbständige Werke behandelt, ohne sich zu fragen, ob dieselben nicht etwa Theile eines grösseren Werkes seien.

Die Verwirrung, die schon gross genug war, ist noch gesteigert worden durch einen Irrthum des berühmten Geschichtschreibers der deutschen Dichtung. Gervinus schiebt II[5] S. 267 die geistlichen Dichtungen zur Seite und fährt fort seine Meinung zu begründen mit den Worten: ‚Dazu kommt, dass diese geistlichen Dichtungen nun zum grossen Theil eine mehr blos örtliche Bedeutung und eingeschränkte Verbreitung hatten, daher man in vielen Bibliotheken Deutschlands, von Königsberg bis Strassburg, von Hamburg bis Wien, eigene Sanctologien findet, in welchen sich (wie schon in dem poetischen Passional des 13. Jhrhs. wie noch im 15. Jhrh. in dem Prosapassional einer Tübinger Hs.) der Hang zu cyclischer Versammlung geltend macht, wie in den weltlichen Heldenbüchern. So ist in einer Klosterneuburger Handschrift ein poetisches Buch der Märtyrer enthalten ..' Zu dieser Stelle beruft sich Gervinus dann in der Note 322 auf Jos. Diemer's Kleine Beiträge 4, 18. Diese stehen Sitzungsberichte XI, S. 43—75, da redet Diemer aber kein Wort von dem Buch der Märterer, sondern er beschreibt S. 44—46 die Klosterneuburger Hs. 1079, die auf Bl. 63—96 nur die drei gereimten Legenden der h. Margaretha, Barbara und Dorothea enthält [1].

Wie Gervinus fehlgegriffen hat in den Hss., so hat er auch geirrt in der Behauptung, dass alle diese Dichtungen nur örtliche Bedeutung und eingeschränkte Verbreitung haben, für das Buch der Märterer wenigstens kann dies nicht zugegeben werden. Dasselbe war durch ganz Süddeutschland verbreitet, und einzelne Stücke desselben wurden von anderen umgereimt.

Die folgenden Blätter theilen sich in vier Abschnitte: in dem ersten stelle ich die Hss. zusammen, die mir gelungen ist aufzufinden; in dem zweiten wird durch eine Uebersicht der vom Verfasser gebrauchten Reime festgestellt, dass alle im Buch der Märterer enthaltenen Legenden nothwendig von einem und demselben Autor herrühren; im dritten wird sodann die schwäbisch-fränkische Heimat des Reimers näher zu begründen gesucht durch Stellen aus dem Werke selbst und durch einzelne Theile desselben; und endlich im vierten wird vorläufig an der Marienklage gezeigt, wie weit dieser süddeutsche Umreimer des Jacobus a Voragine gewirkt hat.

---

[1] Dieselbe Hs. hat auf's neue beschrieben Jos. Maria Wagner im Anzeiger 1862, Sp. 232—234. Schon früher hat er daraus die Lesarten mitgetheilt Germania VI. S, 376—379 zu der von K. Bartsch aus der Prager Hs. Germania IV. S. 440—471 abgedruckten Legende von der h. Margaretha.

Der ganzen Arbeit liegt zu Grunde eine Abschrift der Kloster Neuburger Hs., die in der k. k. Hofbibliothek unter Suppl. 2762 aufbewahrt wird. Diese Hs. ist die reichste, aber leider gibt gegen ihre Vollständigkeit ihr eigenes Register vorne ein unwiderlegliches Zeugniss zu Ungunsten des Schreibers.

I.
Uebersicht der Handschriften.

Ich führe die vier ersten und vier letzten Verse jeder Legende an; der aufmerksame Leser wird sogleich finden, dass blos der erste und blos der letzte nicht würden genügt haben, da mehr als eine Legende mit denselben Versen anhebt und schliesst. Mit C bezeichne ich die Kloster Neuburger, mit P die Heidelberger und mit V die Hss. der k. k. Hofbibliothek. Der Prolog lautet:

  Bie gar wir sein zergenchleich,
  Doch an gutten sitten sich
  Die lewte vercherent gar.
  In der welt die maiste schar
5. Gan dem andern guttes nicht;
  Wo ainer trewen sich versicht
  Da wirt alles schierst versniten.
  Die haiden hie vor mit iren siten
  Warn gewerer und noch sint
10. Dan nun dye gottes chint
  Sein gehaißen unde christen.
  Ich wais nicht mit welchen listen
  Sich ein man gefristen müge
  Daz im gen der welde tüge.
15. Untrew hazz und neid
  Lug hochvart widerstreit
  Reichsent in der welt entwer
  Und wirt von jar ze jar ye mer.
  Des nahent auch ane wende
20. Der welt urtail und auch ir ende

---

7. P aller 14. P kein dirre welt 19. P nachet 20. P fehlt auch.

Und der verdient gottes zorn.
Er wer selichleich geporn
Der sein leben also verczert
Daz er dort dye sele nert
25. Und lebt in der welde hie,
Daz im paid dis und dye
Von rechte gwiñen guttes.
Nun ist maniger auch des mutes
An den got hatt sinn geleit
30. Daz er mit seiner richtichait
Verdienen mocht mit ler mit chunst
Gottes huld der welde gunst,
Und des da pey nicht entuet.
So ist maniger auch so gemuet
35. Daz er es tet ob er es chunde.
Wol dem sinne, wol dem munde
Da mit er gottes lob gepirt
Und dye welt gepezzert wirt,
Wann ein mensch erhort ein lere
40. Daz er ymmer mere
Volget uncz an seinen tod
Und behuet dye sel von wernder not.
Da von wer der pucher nicht enchan
Es sey weyb oder man,
45. Der hore gern der weyse ler
Mit fleizz vnd volg auch der.
Wer aber dan ist gelert
Und seinen sin an pucher chert
Dem wirt mit lesen ye pazz und pazz
50. Der mag auch vinden etwas
Da pey er gepezzert wirt
Und sein sel dye helle verpirt.
Da von mag nicht pezzer wesen
Dan horn volgen und lesen.
55. Daz ich von gottes gûte sait
Und von seiner rechtichait

---

23. P alsus verzet. 27. P günnen. 30. P verrichtikait. 32. P und der. 34. P fehlt auch. 36. P den stymen. 41. P bisz. 43. P der bůch. 44. P Er 45. P weysen. 48. P buch.

Daz wer vergeben arbait
Wann nie mensche betait
Der ir mochte ze ende chomen.
60. Ich han von mir vernomen:
Gott sey geleiche
Lieb der armen sam der reichen,
Im sey des armen andacht
Lieber dan des reichen macht.
65. Es ist auch so chlaines nicht
Daz durch willen geschicht
Daz ungelonet besta
Peyde hie und da,
Da man ez alles wigt.
70. Wol der sel die da gesigt!
Wie got gewaltes achte nicht
Noch reichait nur die hercz ansicht
Doch rechtes und geporn guet
Schat nicht ob man da mit recht tût
75. Man erwirbet den himel damit.
Und wer fleizzet aller zeit
Fainer ding und gutter werch
Sam dye gråfin von Roberch
Dye mit got tailt ir habe
80. Und den sit nich låt abe
Sy haisset aus lateinen tichten
In däwtsche puecher verslichten
Da pey maniges gepezzert wirt,
Ob in die lazheit verpirt
85. Daz er hor und merkch da pey
Was got dort und auch hie
Mit seinen heiligen hat began.

---

56. P gerechtikait. 58. P beteit = betaget oder betagete. 60. P vor mir. 61. P Got sey lieb geleiche. 62. P Den armen sam den reichen. 66. P durch sinen. 67. P dazcz. 68. P dört sie. 71. P achtet. 72. P noch reichet in der herz angesicht. 73. P angeborn. 76. P wersich. 77. P Rainer. 78. P Rosenperk. 80. P lat nicht. 81. P Sy hiesz ez uz latia ertichten. 82. P In tüczsche bůch verslichten. 84. P da statt die. 85. P er ez.

Des wil mein fraw mich nicht erlan,
Ich mach däwtsch der martrer not
90. Dye sy litten und iren tod
Da mit dye haiden verdienten den fluch.
Hie hebt sich an der martrer buch.

Hinter diesem Prolog beginnen dann die Legenden selbst. In den Anfängen und Schlüssen derselben wurde die Orthographie nicht so viel als möglich gewesen wäre vereinfacht, sondern nur die scheusslichsten Auswüchse beseitigt. Es kommen wie in allen bairisch-österreichischen Hss. wahrhaft haarsträubende Schreibungen vor. Es ist, als wenn diese Schreiber statt eines einfachen Consonanten gleich die ganze Tonleiter für ihre Leser nothwendig gehalten hätten. Die gkch, ttcz, dtt, lldt und andere solche Ungeheuer zum Verzweifeln der Setzer und der Leser wurden unnachsichtlich getilgt. An dem mitgetheilten Prolog, sowie an ein paar Stellen im Abschnitt III. können die Liebhaber und patriotischen Verehrer solchen Schmutzes zur Genüge die Augen weiden.

1. De sancto Hilario.

Die haiden hetten in erchorn   e der gottes sun ward geporn
Ainen glauben gemaine   an die juden aine . . .

Das wir daz pey unsern tagen   verdienen daz wir werden
geladen
Dahin des helf uns got   durch die heiligen zehen gepot
C 1ᵇ P 1ᵇ

2. De sancto Sebastiano.

Von der stat ze Maylan   waz geporn Sebastian
Pey Diocletianes zeitten   und Maximianes die weyten . . .

Und zu eren Sebastiano   dar zu Jesu Christo
Der ymmer reichset ewichleich (der) das wir in sein reich
chomen. Amen.
C 4ᵃ P 3ᵃ Stuttgart. poët. s. n. 4⁰. s. XV. Anzeiger 7, 287.

---

88. P Dez will mich. 89. P ze tüczsch.

3. De sancta Agnete.
Der heilig man Ambrosius spricht von Sand Agnes sus
Sy was ein maid in züchten palt und was nur dreizehen
jar alt . . .
Dye magt wo sy da ir leben lye und von got ir chron enphie.
Sus wurden gemartert sunder wan Sand Agnes und sand
Emmerencian.

C 6ᵇ P 5ᵃ. Die Verse 298—336 finden sich auch in einem Pergament-Doppelblatt in 4⁰. s. XV. der Lycealbibliothek zu Salzburg, 29 Zeilen auf der Seite mit nicht abgesetzten Versen. Diese Hs. fügt noch hinzu:
vnd die schullen vns beisten das wir mit hertz vñ syn
wider di pozen streben vnd gewinnen daz ewig leben.
S. unten Nr. 16.

4. De sancto Vincentio.
Do der unsalig Dacyan ächte paide weib und man
Dye gelaubten an got sein gewalt da gepot . . .
Und mit lob namen sy in und fürten den leichnam hin
In einer chirchen ward er bestat dar in got ymmer lob
hatt. Amen.
C 9ᵃ P 7ᵇ

5. De s. s. Claudio, Castoreo, Nereone etc.
In Lucia der gegent was als ichs an den puchen las
Ein lantrichter hiez Lysia der cham in die stat Egea . . .
Dye sy an dem ende ymmer tragent Dye sy da verdient
habent
Mit ir marter dy sy litten mit vil dultichleichen sitten.
C 12ᵃ P 10ᵃ

6. De sancto Polycarpo.
Uns sagt das puch alsus das Sand Polycarpus
Ein priester was in Asya mit lere tet er wunder da . . .
Sy begruben den leichnam als es dem heiligen wol gezam
Da got auch durch in besunder tet mit zeichen grozze
wunder.
C 13ᵇ P 11

7. De sancta Brigida virgine.
>Als ichs an den puchen las   von Schottenlande was
>Dye magt Brigida geborn   dye het ir got zu frewd er-
>   chorn . . .
>
>Nach so getanem wunder   vil zaichen besunder
>Dye sand Preyd begye   mit frewden got ir sel emphie.
>
>   C 15ᵃ P 11ᵇ V 2677 116ᵇ—119ᵃ

8. De sancto Blasio episcopo.
>In dem land ze Capadocia   lag dye stat Sebastia
>Da was pischolf Blasius.   das puch saget von im sus . . .
>
>Dye wart genant Helyssa   sy begrub sy an der stet alda
>Da got tuet und tet besunder   durch iren willen zaichen
>   wunder.
>
>   C 19ᵃ P 14ᵇ

9. De sancta Agatha.
>Von der stat Katheny was   als ichs an dem puche las
>Agatha dye hoch geporen.   wye edel sy was doch aus-
>   erchoren . . .
>
>Unser laide missetat   dye unser leib begangen hatt
>Und daz wir chomen an dy stat   da sy frewd an ende
>   hat. Amen.
>
>   C 22ᵃ P 17ᵃ

10. De sancto Valentino.
>Ez was ein vil heilig man   Valentinus was sein nam
>In der stat Cheramin er was   pischolf als ichs von im
>   las . . .
>
>Was wandelbar an uns sey   durch dies gesellen drey
>Und der rain Valentin   muez unser sel wegende sein. Amen.
>
>   C 27ᵃ P 20ᵇ

11. De sancta Juliana.
    Bey des chaisers Maximians czeitten   des unguten an allen sitten
    Was ze Rom ein edelman   der mehelt sein tochter Julian ...

    Verdienen muezzen daz wir dar   chomen in dy selben schar
    Da Sand Juliana ist   des helf uns Jesus Christ. Amen.

    C 27ᵃ P 20ᵇ

12. De sancto Gregorio papa.
    Da ze Rom in der stat   Gordian was senat
    Der raichst und edelist ain   der het einen sun rain ...

    Das wir volgen der lere sein   und mit der lere chomen da hin
    Da wir uns frewen ane ende sus   des helf uns Sand Gregorius. Amen.

    C 31 P 24

13. De B. V. M. dolente et plangente crucifixum.
    Es ist wol worden schein   an Sand Marien der frawen mein
    Das wir Sand Paul haben vernomen   ze himel mug niemand chomen ...

    An dye süzzen reinen stat   dye sein tod uns erworben hat
    Des helf uns hye in dieser frist   dye raine magt und Jesus Christ.

    C 37ᵇ P 29ᵇ

14. De B. V. M. annuntiatione.
    Es wart ein engel gesant   Gabriel ist er genant
    In di gegen Galileam   in ein stat der nam ...

    Wann Elysabeth gepar Johannen   der pede predigt disen und den
    Jesus chunft dye säldenbere   er was sein tauffer und sein vorlauffere. Amen.

    C 44ᵇ P 35ᵇ

15. De sancto Ambrosio.

Die geschrift sait uns also von dem rainen Ambrosio
Do er in der wiegen lakch das sein der heilig geist
phlag . . .
Got nam in in dye genad sein da wir auch muezzen
chomen hin
Das wir das dienen in diser frist des helf uns Ambrosius
und Jesus Christ.

C 45ᵃ P 36ᵇ

16. De sancta Maria Aegyptiaca.

Das puch sait uns sus ein munich hiez Zozimus
Der was in Palestin der gegent und was also recht
lebent . . .
Des helf uns Maria und Zozimus und dye mutter dye Jesus
Lie czu trost disem und dem das wir end in gut nem. Amen.

C 47ᵃ P 38ᵃ Die Verse 1—148 finden sich auch in der unter Nr. 3 bereits näher beschriebenen Hs. der Lycealbibliothek zu Salzburg.

* * *

Nach der Legende von der Maria Aegyptiaca folgt in P 41ᵇ—64ᵇ, ‚Der Passion‘ nämlich, die bekannte Bearbeitung des Evangeliums Nicodemi. Diese beginnt hier mit den Versen:

Die vier Evangelisten schriben von Jhesu criste

und schliesst:

Er bring unz och an die stat Die unz sin marter erwor-
ben hat
Dez helff er unz durch sinen tot Und behüt unz hie
vor aller not.

Es fehlt also die Vor- und Schlussrede, die Hoffmann Fundgruben I. 128—129, aus der Görlitzer Hs. mitgetheilt hat.

* * *

17. De sancto Marco Evangelista.
>Uns sagt das Ewangeli sus   das hye auf erd Jesus
>Hett zwelf junger   auch het er dar under . . .
>
>Daz wir sein gerden nach   an der sele geniezzen doch
>Und das unser leben gut end nem   das werde war. Amen.

C 51ᵇ P 64

* * *

Nach der Legende vom Evangelisten Marcus folgt in P 67ᵃ—70ᵃ ‚Von sant Jacob'. Die ersten und letzten Verse lauten:

>Sant Marien mûtter Annen   trompt wise sie by irem manne . . .
>
>Daz wir verdienen uff der erden   daz wir tailhafft werden.
>Durch ir marter der genaden   die sy verdient hant by iren tagen.

Nach dieser Legende folgt P 70ᵃ—71ᵃ ‚Von sant Philippen'. Die ersten und letzten Verse lauten:

>Nach der tailung der junger   kam Philippus besunder . . .
>
>Da mit fůr er von hinnen   daz wir ain sölch haimfart gewinnen
>Alz gewan Philippus   dez helf unz Jesus Cristus.

* * *

18. De inventione s. crucis.
>Nach gottes marter zway hundert jar   und dreizzikch fürwar
>Fuern dye Ungern mit gewalt   mit einem her ungezalt . . .
>
>Der ir hilf mit andacht gert   daz wir nicht werden entwert
>Des reiches des sy gewaltig ist   des helf uns Helena und Jesus Christ.

C 54ᵃ P 71ᵃ V 2779, 88ᵇ—89ᵇ Aus der Hs. V. 2779 gedruckt Massmann, Eraclius, S. 194—198.

19. De sancto Quiriaco.

Der erst chaiser der christen was   als ichs an den puchern las
Das was Constantinus   nach im wart chaiser Julianus . . .

Daz wir in dissem ellende   verdienen rechten ende
Daz wir mit frewden chomen dahin   da er ist und dye
gesellen sin.

C 57ᵇ P fehlt.

20. De sancto Alexandro papa.

Der fünft pabst als ich las   der nach Sand Peter was
Der was genant Alexander   vil chawsch und rein was sein
ler . . .

Die Aurelian hat gesant   mit marter in das himelisch lant.
Nach disem leben uns helf auch dar   Alexander mit
seiner schar.

C 59ᵇ P fehlt.

21. De sancto Servatio.

Zu einer zeit daz geschach   das uber dy Walch gotes rach
Solde gen wann sy das   hetten verdient und gottes has . . .

So schullen wir pitten all gemaine   nur der pet allaine
Das wir auch chomen da hin   da er mit got wil ymmer sein.

C 62ᵃ P fehlt.

22. De sancto Pancratio.

Pey Dioclecianis zeitten   und Maximians die weiten
Aechten dye christenhait   si litten von in groz arbait . . .

Daz wir chomen in daz reich   da Pangracius wunnichleich
Immer lebt und ymmer ist   des helf uns Pangracius und
Jesus Christ.

C 63ᵇ P fehlt

23. De sancto Eustachio et Epimacho.

Es het der chaiser Trayan   an im einen weisen man
Der sein hermeister was   der was genant Placidas . . .

Mit frewden in himelreich   und mit got ewichleich
Des helf uns die raine schar   das wir mit frewden chomen dar.

C 65ᵇ P fehlt.

Stuttgart poët. s. n. 4⁰. s. XV. Anzeiger 7, 287.

C. Weinhold gibt in den ‚Mittheilungen des hist. Vereins für Steiermark, Gräz 1859' S. 55 ff. Nachricht von einem pergamentenen Doppelblatt aus dem Gerichtsarchive zu Murau in Steiermark. Dasselbe enthält auf den ersten vier Spalten 176 Verse (also auf der Spalte 44 Zeilen) eines Eustachius. Diese Verse gehören hieher und sind 409—584 auf 68^b—69^b der Hs. C. S. unter Nr. 25.

---

24. De sanctis Januario et Gordiano.
    Uns sagt das puch alsus   daz der vil pös Julianus
    Het vil christen gevangen   die er het in den panden ...

    Das got in gab umb ir not   umb ir marter und iren tot
    Da helf uns Januarius ein   und die gesellen sein.
    C 71ª

---

25. De sancto Petro exorcista.
    Petrus got getermet was   ze dienen als ich ez las
    Und ê er geweicht wurde   do lait er manig swere purde ...

    Das wir ersten froleich   mit Jesu Christo in sein reich
    Des helf uns Marcellinus   und sein geselle Petrus.
    C 73ª P fehlt.

C. Weinhold l. c. Das zweite Blatt dieses Murauer Bruchstückes enthält die Verse 1—177, die darum genau mit C stimmen, weil auch hier der 177. Vers genau so lautet: ‚Die gotes diener horten das'. Da nun der 176. Vers des ersten Blattes oder Vers 584 der Legende des Eustachius = 7446 in C, der 1. Vers in Petrus Exorcista des zweiten Blattes = 7799, so entsteht eine Lücke von 352 Versen. Diese Lücke kann nur in zwei Blättern = einem innersten Doppelblatt der Lage bestehen, denn 352 = 44 × 8 oder den acht Spalten zu 44 Zeilen, deren wir bedürfen. Die Murauer Hs. hat somit an dieser Stelle nicht mehr gehabt als C. Zugleich erhalten wir damit einen Beweis, dass C nicht willkürlich vermehrt ist, was übrigens auch aus andern Gründen einleuchtet, sondern dass P willkürlich viele Stücke ausgelassen hat.

26. De sancto Primo et Feliciano.
 Dyoclecians czorn und neit was streng und hert pey seiner zeit
 Über dye armen christen ir chainer mocht sey gefristen . . .
 Das wir mit frewden chomen dahin   daz sy ymmer wellen hin
 Des helf uns Felicianus   und sein pruder Primus.
  C 76ᵃ P fehlt.

27. De sancto Vito.
 Do Dyoclecian het das reich   und Maximinian gemainchleich
 Do was in Lucia in der gegent alda . . .
 Auch mit in muezzen leben   der schol uns ir hilfe geben
 Vitus und Modestus da   und ir gesellin Crescencia.
  C 73ᵃ P 73ᵇ.
 Mit dem ersten Vers dieser Legende oder 8198 in C tritt wieder P ein, nachdem sie mit dem letzten Vers in Nr. 18 de inventione s. crucis oder 6092 ausgetreten war. Diese Lücke oder 2105 Verse füllen in C Blatt 57—77 vollständig aus, das heisst, diese 21 Blätter fehlen in P vollständig.

28. De sancto Gervasio, Prothasio, Nazario, Celso etc.
 Dem chaiser Neroni wart gesait von Nazari heilichait
 Wie er den glauben lerte und den christentum merte . . .
 Und uns vor im da pewar so die sel von hinne var
 Des helf euch und auch mir dye heiligen herren alle vir.
  C 82ᵃ P fehlt.

29. De sancto Albano.
 Do Honorius des reichs wielt in Persia und das pehielt,
 Do hub sich in Karthagine ein streit umb die newen ee . . .
 Immer lebt an ende. solich hilf uns sende
 Theonestus und sein capellan und der gottes diener Sant Alban.
  C 85ᵃ P fehlt.

* * *

Hier folgt in P 77ᵃ—78ᵇ „Johannes und Paulus". Die ersten und letzten Verse dieser Legende lauten:

Da Constantin erstarb   Julian mit dem tiefel warb . . .
Daz wir auch kömen dahin   da si gar gewaltig sin
Johannes und Paulus.   Dez gůnn unz Jesus cristus.

Der Index von C verzeichnet zwar unter Nr. 29 diese Legende, der Schreiber hat sie aber ausgelassen.

* * *

30. De sancto Felice et Fortunato.

Das puch sagt das Achillus   Felix und Fortunatus
Warn drey rain man   und Hyreneo undertan . . .
Das uns ir marter Jesus Christ   lazz geniezen in diser frist
Des helfen uns dye pein dy sy haben   durch in erlitten
                                          pey iren tagen.
  C 87ᵇ P fehlt.

31. De sancto Vitali.

In der stat Ravennam   was ein got lieber man
Der was Vital genant   und die herren wol erchant . . .
Da muezzen auch wir hin pracht werden   das wir da ver-
                                          dienen auf der erden
Des helf uns Vitalis und Valeria   und gottes mutter Maria.
  C. 89ᵃ P fehlt.

32. De sancto Nereo et Achilleo.

Nerey und Achillei   Got was ir hercze pey
Sy dienten im mit fleizze gar   sy namen armer leute war . . .
Geniezen an dem ende   die helf uns sende
Nereus und Achilleus   und gunn uns sein Jesus Christus.
  C 90ᵇ P fehlt.

33. De sancta Potentiana et Praxede.

Sant Paul het einen undertan   der was ein edel werder man
Der was Pudens genant   dem was poshait unerchant . . .
Pudens und Parchenius   und der rain Coloterius
Und helfen uns in das paradeis   Potenciana und Praxedis.
  C 91ᵇ P fehlt.

34. De sancto Bonifacio.

Wir lesen von Bonifacio   das in got erwelte do
Im zu dinst do er was   von der czeit do sein genas ...
Geniezzen an dem ende, daz er sein hilf uns sende
Das uns unser sunden val   dann nicht senkche hin ze tal.
    C 92ᵃ P fehlt.

35. De septem dormientibus.

An der schrift man list   das Decius pey seiner frist
Cham ze tal in Effesum   und stoeret da den christentum ...
Das sy uns an disem leben   und auch an der sele geben
Den gunn uns Jesus und Maria   die uns wegen auch da.
    C 94ᵃ P 78ᵇ Stuttgart poët. s. n. 4⁰. s. XV. Anzeiger 7, 287.

* * *

Da in P die Legenden 28—34 fehlen, und diese Hs. erst wieder mit dem ersten Vers der Siebenschläfer eintritt, so fragt es sich um die Lücke und deren Grösse. Der letzte Vers der Legende vom Veit ist in C 8665, die Lücke beginnt also mit 8666 und endet mit 9725, es fehlen also in P 1059 Verse oder sieben Legenden, wogegen in C nur eine fehlt. Nach der Legende von den Siebenschläfern folgt in P 80ᵃ—84ᵇ ‚Von Sant Peter'. Die ersten und letzten Verse lauten:

Sant Peter ze Rom pflag   predigen uñ leren mengen tag ...

Uff schließ dez himelsz tor   und unz icht laz dar vor
Dez helf unz iesus christus   Processus uñ sin průder
                                    Martinianus.

* * *

36. De sancta Symphrosia.

In der stat ze Tyburcinam   het der chaiser Adrian
Ein tempel gemacht reich   und geweicht erleich ...
Icht lazz an dem ende   und ir hilf hie an uns wende
Waz an uns ist wandelber   des gunn uns Jesus der gewer.
    C 96ᵇ P fehlt.

37. De sancto Kiliano.
   Der vil raine Kylian   waz von gepurt ein edel man
   Von haiden geslecht auz erchorn   von Schotten land da her
   geporn . . .
   Gewalt an uns an dem ende   die' helf uns sende
   Sand Gallus und Columban   und der pischolf sant Kylian.
   C 98ᵃ P fehlt.

38. De sancta Felicitate.
   Do Antonius het daz reich   do was ein weib vil tugentleich
   Ze Rom als ichs laz   die was genant Felicitas . . .
   Daz uns helf dye raine schar   das wir mit frewden cho-
   men dar
   Da sy mit frewden wellen sein   ymmer an ende hin.
   C 100ᵇ P fehlt.

39. De sancta Margareta.
   Die edel maid hoch geporn   mit allen tugenden auzerchorn
   Die rain durchleuchtik in ir jugent   ein spiegelglas in aller
   tugent . . .
   Das daz an uns werde war   daz wir mit frewden chomen dar
   Dez helf uns got und Maria   und ir dirn Margaretha.
   C 102ᵃ P 84ᵇ V 2677, 113ᵇ—116ᵃ.

* * *

   Zwischen den Siebenschläfern und der Margaretha fehlen also in P drei Legenden oder die Verse 9958—10.431.
   Nach der Legende von der h. Margaretha folgt in P auf 88ᵃ—90ᵃ die des Apostels J a c o b u s, deren erste und letzte Verse lauten:
   Uns sagt daz bůch suz   daz Johannes brůder Jacobus . . .
   Von im und den gesellen sein   dez süllen wir getrůen in
   Daz si unz helffen dar   in die himelischen schar.

* * *

40. De sancto Apollinari.
   Do Claudius het daz reich   pey seiner czeit gewaltichleich
   Pey der frist hin ze Rom   Petrus mit Apollinari chom . . .
   Hat Jesu Christo pracht   mit seiner lere macht.
   Des schullen wir im getrawen wol   wan er ist genaden vol.
   C 106ᵇ P fehlt.

41. De sancta Christina virgine.
   In Ytalia weit erkant   lag ein stat Tyrus genant
   Pey dem se Volsino . nun was in der stat do . . .
   Geniezzen an leib und an sel   des uns die engel und sand
                                                      Michel
   Helfen vmb die drey nam   und umb die magt Christinam.
   C 111ᵃ P felt.

42. De sancto Pantaleone.
   Do Dyocletian het daz reich   und Maximian gemainichleich
   Was ein senator da   in der stat Nycomedia . . .
   Des helf uns Panthaleon   der aller güt ist ein chron
   Des gunn uns Jesus Christ   daz wir chomen da er ist.
   C 114ᵃ P fehlt.

43. De sancto Felice.
   Constantinus der rain man   hett einen sun lan
   Der was genant Constancius   von dem sait das puch sus . . .
   In der chirchen an der stat   die er selb gemacht hat
   Die pey dem weg leit alda   der da heizzet Aurelia.
   C 117ᵃ P fehlt.

44. De sancto Simplicio et Faustino.
   Der edel man Simplicius   und sein pruder Faustinus
   Lagen in swern panden   lang durch got gevangen . . .
   Da behuet uns got vor   daz wir nicht volgen dem spor
   Daz wir mit frewden (!) dahin   da dis martrer chomen sin.
   C 118ᵃ P fehlt.

45. De sancto Abdone et Senne.
   Uns sagt daz puch sus   das der chaiser Decius
   Cham in das reich ze Persia   und do er was alda . . .
   Sy habent ir recht verchaufet wol   daz uns ir hilf helfen schol
   Da in got gezwispildet hat   ir edel ir reich wol mit rat.
   C. 119ᵇ P fehlt.

46. De sancta Maria Magdalena.
   Meines herczen gedankch   und mein sin ist ze chranckh
   Daz ich mug volenden   daz leben der genenden . . .
   Hat pehalten ewichleich   das wir chomen in daz reich
   Des helf uns Magdalena   und gotes muter Maria.
   C. 121ᵇ P 91ᵇ V 2862, 106ᵇ—113ᵇ

47. De sancto Petro in vinculis.
   Herodes pey seiner czeit   liebt sich den Juden damit
   Und hiez umb varn   gottes junger vahen . . .
   Und der gnaden uberget   das ir gnad und ir gepet
   Mach uns hie sunden fry   das tut niemand so wol so sy.
   C 126ᵇ P 90ᵃ
   In P sind die Legenden der Maria Magdalena und des Petrus in Banden umgestellt.

48. De sancto Stephano papa.
   Do die christen an allen seiten   not litten pey den czeiten
   Was der pabst Stephan   got ein vil nuczer man . . .
   Von danne fluhen dis christen   daz uns sein hilf müzz fristen
   Daz uns sein gernde (? genâde) hilf reich   pringe zu dem himelreich.
   C 129ᵃ P fehlt.

49. Quomodo sanctus Stephanus protomartyr inventus fuit.
Uns hat daz puch chunt getan   do das reich was undertan .
Dem chaiser Honorio   daz pey den czeitten do . . .
Da er vor gotte wonne hat   und grozze frewd da nicht zergat
Des helf uns seiner gernde (? genâde) macht   und sein werde gesellschaft.
C 130ᵇ P 96ᵃ

50. De sancto Oswaldo, rege Angliae.
Der edel chunig sand Oswalt   in Norwegen was sein gewalt
An im was wandel chain   und was ein christen rain . . .
Nun helf uns gottes parmherczichait   und Sand Oswaldes heilichait
Daz wir chomen in daz reich   darin ist frewd ewichleich.
C 132ᵇ P 97ᵇ

51. De sancto Sixto papa.
Uns sagt daz puch daz Sixtus   wer von chunt ein phylosopphus
Geporn und gelernt ze Athenas · da er von aller chunst las . . .
Also Laurencius der raine man   von den christen urlaub nam
Die drey tag der man im gunde   Tet er czu gut was er chunde.
C 135ᵇ P 98ᵇ

52. De sancta Afra.
Ein stat Augspurk ist genant   die heut leit in Swaben lant
Dar in got seinen poten sant   der da den ungelauben want ...
Von der engelischen schar   und uns auch pringen dar
Da Afra mit iren diern ist   Des helf uns Afra und Jesus Christ.
C 136ᵇ P fehlt.

53. De sancto Cyriaco.
   Do Dyoclecian cham an das reich   do nam er Maximian
   zu sich
   Das er im hülf czu verslichten   das reich und verrichten . . .

   Da uns got vor pewar   des helf uns dye rain schar
   Die er hat gesant dar   vil sälichleich und sünden par.
   C 140ᵇ P fehlt.

54. De sancto Laurentio.
   Da Sand Sixt volendet het   Decius sant an der stet
   Nach dem rainen Laurencio.   zu dem sprach er also . . .

   Und verdienen daz himelreich   dez helf uns der tugentleich
   Der édel ritter Romanus   und der hoch martrer Laurencius.
   C 143ᵃ P 100ᵃ

55. De sancto Tiburtio.
   Der chaiser Maximian   schuef mit Fabian
   Mit seinem richter   wo ein christen wer . . .

   Daz wir chomen mit frewden dahin   da er mit got wil
   ymmer sin
   Des gunn uns Jesus Christus   und helf uns Sant Tiburcius.
   C 145ᵇ P fehlt.

56. De sancto Hippolyto.
   Do Ypolitus het geleit   Laurencium das wart gesait
   Dem chaiser an den stunden . die ritter in gepunden . . .

   Des schullen wir getrawen in   sy zaigen uns ir gütte schin
   Daz sy vns pringen dar   in die himelischen schar.
   C 147ᵃ P fehlt.

57. De B. M. V. assumtione.
   Wir haben wol vernomen   wie zu gnaden uns was chomen
   Von himel unser herr got . er laist seins vater gepot . . .

   Si helf uns zu dem himelreich   da wir ymmer ewichleich
   Ir wird muezzen singen   mit den himelischen chinden.
   C 148ᵇ P 101ᵇ V 2677, 103ᵇ—106ᵃ.

58. De sancto Agapito.
   Under dem richter Antyoch   der ein hayden was noch
   Was ein chint tugentleich   des sin was gen himelreich . . ,
   Dez helf uns vor der tiefel var   und pring uns czu der
   engel schar
   Dez schul wir im getrawen wol   wann er ist genaden vol.
   C 153 P fehlt.

59. De sancto Timotheo.
   An den puchen ich las   daz Thimotheus was
   Der zwelfpoten undertan   er was got ein lieber man . . .
   Nahen da sant Pauls lag   da got manigen siechen wag
   Also muez er auch uns wegen   und unsrer sel und leibes
   phlegen.
   C 155ᵃ P fehlt.

60. De sancto Augustino.
   Ein stat die leit in Africa   genant Tagasteria
   Von danne was geporn   Augustin der auserchorn . . .
   Nun helf uns der pischolf her   daz wir volgen seiner ler
   Daz wir chomen an die stat   die er mit got besezzen hat.
   C 156ᵃ P 105ᵇ

* * *

Der Index zu C führt unter Nr. 61 die Legende ‚Von Sand Symphoriano' auf, aber der Schreiber hat sie ausgelassen.

* * *

62. De sancto Alexio.
   Do Archadius het daz reich   und Honorius gemainchleich
   Do was ze Rom in der stat   ein wunderreicher senat . . .
   Des helf uns Sabina und Epymian   und Alexius der rain man
   Die uns solich gnad beschern   mit allen himelischen hern.
   D 157ᵇ P fehlt.

63. De sancto Felice et Adaucto.
 Uns sait das puch so   daz pey dem pabst Gayo
 Was ein priester rain   er het von sünden mail chain . . .
 Darumb ad Auctum (sic. l. Adauctum) daz uns ir hilf
             sey frum
 Da sich sel und leib schaide   des pitten wir die herren
             paide.
 C 161ᵃ P fehlt.

    *   *   *

 Vor der nächsten Legende in C ‚De sancto Aegydio‘ stehen in P diese zwei Legenden; erstens auf 106ᵇ—110ᵃ ‚Von sant Bartholme‘, deren erste und letzte Verse lauten:
  Ez stet an den bůchen   wer ez da will sůchen . . .
  Und schůff ez wol endelich   und besaz da daz himelrich
  Da si unz helffen hin   Palynius und der maister sin.
dann zweitens auf 110ᵃ—113ᵇ ‚Johannes Baptista‘. Von dieser Legende lauten die ersten und letzten Verse:
  Swer ez wil sůchen   der vindet an den bůchen . . .
  Wenn unz der richter sprichet an   umb wiů wir haben
             missetan
  Mit fliz soltu unz zů gestan   vil sůsse himelplům Johan.

Von diesen beiden Legenden befinden sich Bruchstücke in der Hs., Suppl. 2716, der k. k. Hofbibliothek, die ich aus der Fragmenten-Sammlung derselben k. k. Anstalt genommen und aufgestellt habe. Es ist ein Doppelblatt, das von einem Buchdeckel abgelöst wurde, wo und wann bin ich ausser Stande anzugeben: Pergament, noch vor der Mitte des XIV. Jahrhunderts geschrieben, und enthält jedes Blatt vier Spalten zu je 34 linierten Zeilen, also $34 \times 4 = 136$ Verse. Die des ersten Blattes gehören in die Legende vom Apostel Bartholomäus, die des zweiten in die Legende von Johannes dem Täufer. Im Abschnitte II. finden sich diese zwei Blätter vollständig abgedruckt. Der Tag des h. Bartholomäus fällt bekanntlich auf den 24. August, der Tag der Enthauptung Johannes des Täufers (s. Johannis baptistae decollatio) auf den 29. August, es scheint also in der Hs., Suppl. 2716, nur das innerste Doppelblatt einer Lage zu fehlen und die beiden

Legenden einander wie in P unmittelbar gefolgt zu sein. Ich sage, es scheint, da eigentlich in der Urhandschrift, und möglicherweise auch im Suppl. 2716, die Legende vom h. Augustinus, als auf den 28. August fallend, dazwischen kann gestanden haben.

* * *

64. De sancto Aegidio.

    Sand Egidi von Chriechen was geporn   und het sein erb gar verchorn
    Durch die himlischen wunne   wie er wer von chunigs chunne . . .
    Daz wir daz verdienen hie   als es Egidius dienet ye.
    Des helf uns Jesus Christ   der aller ding ein scheppher ist.
    C 162^a P 113^b ———

65. De sancto Antonio.

    Ez was ze Rom ein fleischhakcher   vil gar getrew und gewer
    Und da pey ein haiden   da er doch wart von geschaiden . . .
    Und slug im daz haubt ab   die christen leitten in in ein grab
    Verstoln vor den haiden   in got was auch der verschaiden.
    C 165^b P fehlt. ———

66. De sancta Verena virgine.

    Verena die edel mait   als uns daz puch von ir sait
    Die was gesipt Mauricio   und es cham also . . .
    Mit herczen und mit andacht   daz wir ze hulden im werden pracht
    Des helf uns unser fraw Maria   und ir dirn Verena.
    C 166^b P fehlt V 2677, 106^a—107^a gedruckt Rochholz, Drei Gaugöttinnen. Leipzig 1870. 8^0. S. 108—112.

Im Index von C folgt nach Nr. 62 ‚Von Sand Alexio und Sabina' als Nr. 63 ‚Von Sand Verena', im Texte stehen sie aber in der hier eingehaltenen Reihe.

67. De sancto Proteo et Hyacintho.
Ein stat leit in Egipten lant   Allexandrey genant
In der selben grozzen stat   was ein hocher potestat . . .

Und daz wir volgen irr spor   die ich han genant da vor
Des schullen sie uns gehelfen wol   wann sy sint genaden vol.
C 168ᵇ P fehlt.
———

68. De sancto Cypriano.
Do dannoch was der haiden ee   starkch in Carthagine
Do was Patricius da richter   den christen gar swer . . .

Und begruben in da py   auf dem aigen Marcoby
Da maniger von siechtum wirt erlost   sein hilf chom auch
               uns ze trost.
C 170ᵃ P fehlt.
———

69. De exaltatione sanctae crucis.
Wir haben daz vor wol gehort   wie daz chreucz der suezze
              hort
Von Helene wart funden . si spilt es an den stunden . . .

Daz daz chreucz uns muezz pewarn   so wir haim schullen
              varn
Und uns pelait auch dar   uncz in der engel schar.
C 171ᵇ P 116ᵃ
———

70. De sancto Cornelio.
Do Decius daz reich besaz   der den Christen trug hazz
Der het Cornelium gevangen   in vil swinden panden.

Der uns stet verleiten gert   daz sy durch ir marter wert
Uns helfen dar czu in   da sy mit got wellent sin.
C 175ᵃ P fehlt.
———

71. De sancto Matthaeo Apostolo.
Got unser herr Jesus Christ   wann er der seinen ze aller
            zeit ist (P ze aller vrist)
Mit voller gnaden phligt   und in in allen nœten wigt . . .

Daz wir dem auch geantwurt werden   daz wir verdien daz
                                                              auf erden
Des helf uns Matheus   der Ewangelist und Apostolus.
   C 176^b P 122^a

72. De sancto Mauricio.
Do Dyoclecian het daz reich   der nam Maximian zu sich
Zu einem helfer . er sach daz ir vil wer . . .

Daz wir mit frewden chomen dar   des helf uns die rain
                                                            schar
Mauricius mit seinem her   daz uns von dem tiefel wer.
   C 181 ·P fehlt.

73. De sancto Cosma et Damiano.
Cošme muter Theodora   was in der gegent Arabia
Die lebt nach got christenleich   und diente got von himel-
                                                            rich . . .

Des helf uns die rain schar   die got hat lieb für war
Dar czu die chuniginne chlar   die got Jesum Christ gepar.
   C 184^a P fehlt.

74. De sancto Michaële archangelo.
In Walchen leit ein stat erchant   Sepons ist die selb genant
Dar inne was ein reicher man   Garganus was sein nam . . .

Verdienen daz daz unser sel   enphach der engel Michahel
Des verleich uns Jesus Christ   der aller ding ein schep-
                                                            pher ist.
   C 186^b P 122

75. De sancto Hieronymo presbytero.
Von Dalmacia Eusebius   het einen sun hiez Jeronimus
Den er zu schul lie   daz chind solich sin gevie . . .

Des warn acht und achczik iar . in enphie der engel schar
Daz. verdient er in seinen tagen   und wart in Bethlehem
                                                            begraben.
   C 189 P fehlt.

76. De sancto Remigio.
   Uns seit daz puch alsus   daz sand Remigius
   Wär von art ein edelman   sein muter hiez Celginian ...

   Die muez uns auch nemen hie   durch alle tugent die er begie
   In got Remigius   daz verleich uns Jesus Christus.
      C 191ª P fehlt.

77. De sancto Dionysio areopagita.
   Von sand Dyonisio ich las   wie er wer zu Athenas
   Der höchst maister der da lebt . sein chunst in grozzen wir-
                           den da swebt ...
   Und auch wir da hin chomen   da er hin ist genomen
   Nach unsers lebens frist   daz verleich uns allen Jesus Christ.
      C 193ª P fehlt.

78. De sancto Columbano.
   Ez war der rain Columban   got ein vil lieber man
   Er tet czu aller stunde   was er guttes chunde ...

   Dar nach schied er von hinne . daz wir auch gewinne
   Solich haimfart als er gewan   des helf uns der raine man.
      C 195ᵇ P fehlt.

79. De sancto Crispino et Crispiniano.
   Do Dyoclecians neit   und Maximians was weit
   Uber die arm christenhait   daz man in tet manig lait ...

   Die christen do an den stunden   eines münsters sy begunden
   Da manig sieche wirt erlost . Ir hilf chom uns auch ze trost.
      C 198ᵇ P fehlt.

80. De sancto Simone et Juda apostolis.
   Als ich es an den puchen las   so het Symon und Judas
   Einen bruder hiez Barsabas   der der zwayer ainer was ...

   Die wir auch verdienen muezzen   und unser sünd gepuezzen
   Des helf uns Symon und Judas   durch ir guet die an in was.
      C 200ª P 124ª

Mit den Versen:

Er kompt in die hell nicht er vert gen himmel vil gericht
Im lat och got sunder wan uff erde nimmer misse gan

bricht P ab; die folgenden Blätter und Lagen sind verloren gegangen. Diese vier Verse sind 125—128 der Legende oder 19 490—93 von C 201ᵇ.

---

81. De sancto Gereone, Victore, Cassio, Florentio etc.

Daz puch hat vor gesait wie sich hub ein storn prait
Mangen enden wider daz reich wann der glaub der hub sich . . .

Das uns die rain schar auch zu in helfen dar
Da sy mit frewden ymmer sint und die andern gottes chind.
C 206ᵃ

---

82. De sancto Theodoro.

Do der chaiser Maximian tötte durch got manigen man
Der sant auch Theodorum durch seinen christentum . . .

Darnach sey des nicht verdroz sy machet im ein mûnster groz
Da manig sieche wirt erlost also chom er uns ze trost.
C 207ᵇ

---

83. De sancto Martino episcopo.

Uns sagt daz puch alsus das der rain Martinus
Wer von dem castel Sabaria geporn likkund in Pannonia . . .

Nun helf uns der heilig man daz uns daz reich werd auf getan
Daz im auf getan wart an seiner haimvart.
C 209ᵇ

---

84. De sancto Briccio episcopo.

Do sand Mertein erstarb und im sein raines leben warb
Daz sein sel gen himel chart Sand Briccy nach im do pischolf wart . . .

Daz die engel und sand Michell enphiengen mit frewden
  sein sel.
Daz muez auch an uns ergan des helf (en) uns die rainen
  man.
  C 216^b

85. De sancta Caecilia.
Do Almachius potestat was zu Rom in der stat
Do was die edel Cecilia auch in der stat da . . .

Durch iren willen widerstreit auch helf sy uns an der zeit
Da sel und leib scheidet sich und pring uns in daz himelrich.
  C 218^a

86. De sancto Clemente papa.
Als ichs an den puchen las Clemens der dritt pabst was
Den het got damit geert daz er was der welde wert . . .

Wer es sucht in diemut die er auch durch sein gut
Gen uns armen wende an unsers leibes ende.
  C 221^a

87. De sancto Chrysogono.
Der chaiser Dyoclecian hub sich von Rom dan
Und cham zu Aglay in daz lant wann ein christen be-
  chant . . .

Mit frewden was ir haimgevert . daz uns daz werd auch
  beschert
Des verleich uns Jesus Christus und helf uns sein Chri-
  sogonus.
  C 225^a

88. De sancta Catherina.
Katharina die rain magt als daz puch von ihr sagt
Die was aller wandel frey der chunig von Allexandrey . . .

Was wandelber an uns sey und mach uns alle laides frey
Des gunn uns got durch seinen nam und durch sein dirn
  Katherinam.
  C 226^b V 2677, 107^a—112^a V 2862; 113^b—124^a. Fünf
Blätter einer Hs. in Octav des hist. Vereins für Kärnten.

3

S. Diemer, Kleine Beiträge in Sitzungsberichten XI. 43 ff.
Lambel, Germania VIII. S. 134 ff.

---

89. De sancto Andrea apostolo.

Sant Peters pruder sant Andre   predigt und lert die warn ee
Hin und her in Achaya . er het gemacht alda . . .

   Also chomen vil sele von im dar   mit frewden in der engel
                                      schar
Sus mach er uns auch sünder war (sic. ? sünden bar) und
                         pring auch uns mit frewden dar.
  C 234[b]

---

90. De sancto Nicolao episcopo.

Es sagt daz puch alsus   daz der werd Nicolaus
Wer von chindes pain   got lieb und rain . . .

So sich scheidet leib und sel   daz er auch und sand Michel
Uns pelaitten in daz reich   da frewd ist ewichleich.
  C 237[b]

---

91. De sancta Lucia virgine.

Ein mutter het Lucia   und was genant Euticia
Die selbig alt fraw siech was   daz wunder was daz sy
                                      genas . . .

Da uns got uor pewar   und daz wir in der engel schar
Chömen des gunn uns Christ   der aller ding ein scheppher ist.
  C 243[a] V 2677, 112[a]—113[b]

* * *

Nach dieser Legende zählt C als ‚92 Von sand Thomas'
auf, der Schreiber hat sie aber, wie die Leben der meisten
Apostel ausgelassen.

* * *

93. De sancto Stephano protomartyre.

Der vorder martrer sant Stephan   als ichs an den puchen han
Der wart gemartert an der frist   als nun sein hochzeit ist . . .

Nun uns sand Stephan   dem alle säld ist auf getan
Daz wir auch chömen da hin   da er wil ymmer sein.

C 245ᵇ

---

94. De sancto Johanne Evangelista.

Man list der chaiser Domician   wer gar ein swinder man
Allen enden vnd (? vînt) den christen . er versant pey den
fristen . . .

Daz daz an uns werde war   und pring in die gottes schar
Des schullen wir in rueffen an   den gottes pruder Johann.

C 347ᵃ

---

95. De innocentibus.

Do got wolt auf erden   durch uns geporn werden
Do sant er zaichen er   von seiner gepurd her . . .

Sus Herodes der gotte gram   gar jemerleich zu helle cham
Da uns got vor pewar   des helf uns der chindlein schar.

C 252ᵃ

---

96. De sancto Thoma Cantuariensi.

Wir lesen von Sand Thoma   er wer von Lugdunia
Und wer gar ein edel man   Thomas der gotte czam . . .

Nun auch er uns helfe dar   da er in der engel schar
Sich frewet ewichleich   wann er ist hilfreich.

C 254ᵇ

---

97. De sancto Siluestro papa.

Als ichs an den puchen las   do sand Siluester was
Dannoch ein chindelin   do gab man zu behalten in . . .

Daz sy mit frewden chomen dar   in die himelischen schar
Des gunn uns Jesus christ   der aller ding scheppher ist.

3*

Nach dem Index von C hätte noch ‚98. Von sand Georio'
zu folgen; der Schreiber muss aber darauf vergessen haben,
denn er schliesst nach der Legende vom Papste Siluester zuerst
mit den beiden Versen:

Der martrer puch hat ein ende. Got uns sein hilfe sende.

welchen Versen er die folgende lateinische Unterschrift anfügt:

‚Anno Domini MDCCCL in vigilia exaltacionis sancte
crucis ceptus est iste liber et in vigilia pasce anni subsequentis
finitus cum adiutorio omnipotentis per me Hartmanum de Krasna
tunc temporis ecclesie niwenburgensis custodem.'

Die Vigilia exaltationis sancte crucis fällt auf den 13. September; an diesem Tag im Jahre 1350 fieng also Hartmann
von Krasna die Kloster-Neuburger Hss. im Stifte selbst zu
schreiben an, da er sich ausdrücklich ‚ecclesie niwenburgensis
custodem' nennt.

Aus dieser Uebersicht der Hss. geht hervor:

1. 2. Die **Heidelberger** Hs. 342 enthält nur eine Auswahl aus dem ganzen Werke, und zwar die Nummern 1—18,
27, 35, 46, 47, 49—51, 54, 57, 64, 69, 71, 74, 80 der **Kloster-Neuburger**. Sie schiebt ferner zwischen 16 und 17 das mitteldeutsche **Evangelium Nicodemi** ein. Ausserdem enthält
sie noch die Leben von sieben Aposteln, die in der **Kloster-Neuburger** Hs. fehlen, und zwar:

nach 17. von Jacob und Philipp, nach 29. von Johannes
und Paulus, nach 35. von Petrus, nach 39. von Jacobus,
nach 63. von Bartholomäus und Johannes Baptista.

Die **Pfälzer** Hs. ist also gegen die **Kloster-Neuburger** ärmer und reicher.

3. Die **Stuttgarter** Hs. enthält 2, 23, 35.
4. Das **Salzburger** Doppelblatt Stücke von 3 und 16.
5. Das **Murauer** Doppelblatt Stücke von 23 und 25.
6. Die fünf Blätter der **Klagenfurter** Hs. enthalten
blos Stücke von 88, über deren Verhältniss zu den folgenden
Wiener Hss. Diemer l. c. gehandelt hat.

7.—9. Die k. k. Hofbibliothek zu **Wien** verwahrt in
drei Hss. Stücke des Werkes, und zwar in:

2677 sind enthalten die Nummern 7, 39, 57, 66, 88, 91.
2779 nur Nummer 18.
2862 die Nummern 46, 88.
10. Hiezu kommen noch in dem Doppelblatt, Suppl. 2716, Stücke aus den Leben der Apostel Bartholomäus und Johannes Baptista, die nach Nr. 63 wohl in der Pfälzer, aber nicht in der Kloster-Neuburger Hs. stehen.

Ich bin weit davon, zu meinen, alle zerstreuten Stücke aus dem Buch der Märterer aufgefunden oder alle Trümmer von Hss. entdeckt zu haben, die wer weiss wo überall zerstreut sind. Jetzt wird es leichter sein, vorkommende Legenden darauf hin zu untersuchen, ob sie hieher gehören, und dieselben im günstigen Falle des Vorfindens an der richtigen Stelle einzureihen. Seit fünfzig Jahren hat man sich mit den Notizen über die zwei Hss. zu Kloster-Neuburg und Heidelberg geschleppt, ohne es der Mühe werth zu finden, nachzuforschen, ob nicht diese oder jene Legende hierher gehöre, deren Hss. zum Theil, wie die drei Wiener oder die Stuttgarter, doch auch schon seit ein paar Menschenaltern bekannt waren.

II.

Die Reime.

Nun könnte man meinen, dass die sämmtlichen Legenden nicht von einem und demselben Verfasser herrühren, sondern von verschiedenen, und dass sie nur seien gesammelt worden von einem Liebhaber gereimter Heiligengeschichten: die Beschaffenheit unserer Hss. würde dieser Meinung Vorschub leisten. Wenn man aber näher zusieht und bemerkt, wie dieselben Reimgesetze gleichmässig in allen zur Anwendung kommen, dann lässt man diese Meinung fahren. Ebenso ist die Sprache in allen dieselbe und in allen derselbe stumpfe Stil, mit dem die lateinischen Vorlagen so wortgetreu als möglich in die Reime gezwängt und gedrängt werden. In den folgenden Abschnitten glaube ich mit überfliessendem Reichthum die Eigenheiten dés Dichters, wenn man ihn so nennen will, begründet zu haben. Niemand vermuthe aber, ich hätte alle Beispiele für jeden seiner Reime angeführt; ich habe mich begnügt, aus jeder Legende die ersten Fälle zu bezeichnen, die andern wurden unterdrückt. Wenn zwei höfische Gesetze von ihm beleidigt wurden, wenn z. B. der Reim im Vocal und Consonant unrein war, so wurde derselbe nur unter den Consonanten verzeichnet. Dasselbe gilt von den Apocopen, die unser Reimer im weitesten Ausmass zur Anwendung bringt. Hierauf werden die beinahe in jeder Legende vorkommenden rührenden und vierfachen Reime behandelt, und endlich, um an einer lebendigen Probe des Dichters seine ganze Art zur Anschauung zu bringen, das Doppelblatt, Suppl. 2716, der k. k. Hofbibliothek vollständig abgedruckt. Mit Hilfe der Reime, hoffe ich, wird sich auch bei kürzeren Bruchstücken bestimmen lassen, selbst wenn ihnen Anfang und Ende fehlt, ob sie in das **Buch der Märterer** gehören oder nicht.

A. Die Vocale.

A.

Langes und kurzes a werden bei folgender Liquida gereimt:
1. an : ân.
an : gân 34, 7. 49, 93.   : ergân 89, 115.   : gegân 39, 213. 40, 287. 50, 127. 90, 563.   : hân 88, 573. 95, 187.   : lân 20, 143. 21, 101. 94, 203.   : stân 83, 391.   : understân 86, 55.   : getân 44, 93. 71, 27. 72, 63. 80, 301.   : undertân 80, 433.   : widertân 21, 31.   : wân 81, 60. 83, 667. 85, 243. 90, 19. 94, 481.
dan : gân 16, 209. 47, 53. 64, 27. 71, 461. 86, 279. 90, 309.   : begân 74, 91.   : ergân 28, 111.   : gegân 13, 51. 37, 199. 40, 37. 46, 75. 58, 19. 72, 195. 86, 267. 91, 163.   : hân 95, 169.   : abeslân 25, 207. 30, 78. 87, 801.   : stân 39, 29. 46, 319. 62, 93. 85, 251. 86, 261.   : bestân 25, 151. 88, 377.   : widertân 71, 77.   : wân 88, 477. 90, 97.
began : gegân 89, 219.   : getân 80, 293.

kan : hân 88, 191. : undertân 9, 217. enkan : lân 81, 273.
man : gân 7, 193. : ergân 35, 143. 72, 129. : gegân 7, 279.
    8, 265. 9, 189. 13, 561. 44, 81. 46, 515. u. s. w. : um-
    begân 69, 59. : hân 9, 203. 10, 57. 40, 181. 41, 65.
    83, 747. 88, 791. 93, 51. : lân 42, 23. 43, 1. : slân
    53, 211. : geslân 10, 123. : stân 47, 103. : getân 2, 59.
    7, 353. 77, 27. 83, 753. 86, 129. 90, 380. 94, 263.
    : undertân 30, 3. 42, 15. 88, 485. 94, 187. : wân 14, 7.
    23, 120. 40, 227. 41, 99. 46, 111. 51, 129. u. s. w.
versan : missetân 90, 469.
tan : zergân 78, 79. : wân 80, 101.
gewan : gegân 18, 291. 42, 63. : lân 37, 81.
erkante : wânte 91, 103.

Eben so häufig sind die Bindungen:

2. ân : an.
gân : an 27, 111. 90, 147. : dan 11, 315. : man 6, 21. 23, 257.
    42, 35. 77, 171. 90, 243. : tan 58, 145.
begân : an 73, 137. begânt : zehant 90, 91.
ergân : an 88, 807. : dan 37, 211. 41, 269. 49, 143. 67, 87.
    68, 97. : man 4, 201. 30, 31. 31, 79. 52, 283. 84, 135.
    88, 707.
gegân : an 16, 311. : dan 23, 273. 77, 121. : man 17, 109.
    49, 17. 76, 59. 84, 117. 89, 69. : gewan 46, 137.
ûf gân : man 80, 555.
zergân : an 87, 33. : man 40, 411. 47, 19.
hân : an 84, 31. : dar an 3, 203. : dan 13, 711. 46, 569. 80, 109.
    : man 6, 123. 83, 825. 84, 87. : gewan 83, 441.
lân : an 20, 199. : dan 13, 699. 51, 111. : man 2, 215.
    37, 67. 62, 81. 72, 219. 90, 413. verlân : dan 41, 261.
    : man 74, 125.
slân : an 26, 41. 54, 111. : dan 24, 121. 54, 151. 70, 25.
    : man 54, 101. : ran 73, 153 abeslân : dan 20, 159.
    : man 22, 167. verslân : an 32, 29.
stân : an 82, 91. 83, 371. : man 1, 167. 40, 219. : gewan
    86, 83.
getân : an 2, 25. 84, 69. : dan 10, 79. 27, 353. 47, 83. 83, 589.
    86, 273. 88, 739. : began 82, 25. 86, 243. : kan 86, 317.

: man 7, 325. 12, 161. 18, 253. 21, 93. 23, 369. 50, 99.
u. s. w.   : man (moneo) 46, 533.   : ran 8, 201.   missetân : dan 83, 603.   undertân : began 23, 467.   : man 12, 141.
33, 1. 34, 93. 40, 445. 41, 43. 59, 3.   : gewan 9, 65.
vertân : man 3, 257.
enphân : an 12, 509.
wân : an 15, 37. 18, 143. 83, 671. 85, 35.   : dan 43, 23.
: man 23, 471. 56, 65. 63, 31. 72, 119. u. s. w.

Die zweite Liquida, die hier zunächst in Betracht zu ziehen ist, nämlich r, wirkt in noch viel weiterem Umfang auf den Untergang der Quantität ein als selbst *n,* wie aus folgenden Beispielen hervorgeht:

3. ar : âr.
dar : clâr 40, 29.   : jâr 40, 75. 59, 127. 78, 127. 80, 465.
: wâr 3, 227. 9, 143. 74, 151. 88, 23.
gar : hâr 16, 87. 23, 705. 62, 177. 83, 277.   : jâr 2, 53.
13, 17. 16, 181. 23, 59. 50, 69. u. s. w.   : wâr 4, 53.
5, 89. 8, 235. 12, 219. 13, 167. 17, 149. u. s. w.
lîpnar : jâr 12, 45. 62, 291.   : wâr 94, 77.
schar : wâr 23, 223. 72, 31. 85, 277. 88, 297.
gewar : hâr 85, 333.
varen : jâren 34, 31.

Nicht minder zahlreich sind die Bindungen:

4. âr : ar.
clâr : gar 25, 251.
hâr : dar 11, 115. 55, 59. 80, 213.   : gar 2, 115. 27, 93. 32, 47.
84, 79.
jâr : dar 4, 227. 8, 27. 50, 91. 64, 57. 66, 47.   : gar 6, 111.
35, 145. 53, 91. 62, 177. 84, 125. 91, 137.   : schar
71, 229. 72, 183. 75, 179. 83, 87.   : war 87, 55.   : bewar 62, 127.   : gewar 1, 75.
wâr : dar 24, 15. 25, 171.   : gar 12, 169. 13, 389. 19, 153.
22, 29. 23, 203. 51, 65. u. s. w.   : schar 28, 181.
72, 189. 94, 545.   : getar 11, 123.   : war 41, 53.   : gewar 15, 21.
Willemâr : gar 78, 101.
jâren : varen 22, 95. 83, 569.   : ervaren 78, 117.

wâren : varen 12, 131. 23, 697. 39, 25. 72, 135. 80, 325.
83, 21. : ervaren 80, 251. 94. 157.

Diese Bindungen ar : âr : ar erscheinen auch in verbalen Formen: ich sondere die Beispiele in solche ohne und in solche mit Apocopen.

5. art : ârt.
wart : bekârt 2, 139. 18, 199. 26, 137. : verkârt 29, 255.
    beswârt 38, 79.
bewart : gekârt 12, 333.   gespart : verkârt 7, 195.
ârt : art.
bekârt : wart 26, 159. 57, 129.   : verspart 30, 25.
verkârt : wart 27, 197.   : bewart 23, 643.

Das apocopierte tonlose *e* stelle ich der Klarheit wegen her.
art : ârte.
wart : gebârte 13, 25. : kârte 6, 137. 16, 207. 23, 21, 34, 119.
    40, 265. 41, 113. u. s. w. äusserst häufig. : bekârte 4, 225.
    8, 127. 39, 457. 64, 183. 77, 33. : gekârte 15, 97.
    60, 23. : verkârte 7, 67. 9, 345, 11, 161. 12, 101.
    23, 707. 24, 73. 26, 103. 29, 217. u. s. w. äusserst häufig.
    : widerkârte 46, 389. 71, 469. : heimkârte 74, 25. : beswârte 19, 247. 40, 365. 46, 197. 96, 53. : verswârte
    10, 85. : bewârte 19, 161.
bewart : kârte 90, 23.   fürwart : kârte 90, 15.   verspart : verkârte 74, 205.
art : kârte 83, 7.   kirchvart : beswârte 21, 39.

Seltener ist die Bindung:
ârte : art.
kârte : wart 15, 45. 29, 135. 75, 97. 84, 3. 85, 11. 90, 541.
    bekârte : wart 1, 65. 18, 331. 25, 227. 27, 223. 52, 391.
    67, 29. 71, 341 u. s. w. verkârte : wart 12, 343, 28, 73.
    35, 55. 39, 95. 40, 293. 46, 167 u. s. w. bârte : vart
    96, 343. gebârte : vart 90, 501. verkârte : art 94, 291.
beswârte : wart 40, 441.

So häufig die Bindungen an : ân : an und ar : âr : ar sind, von den beiden andern Liquiden sind nur vereinzelte Beispiele ihrer Einwirkung auf die Quantität vorhanden, nämlich:

6. mâl : überal 11, 219. : schal 44, 7. kamer : jâmer 4, 145.

Selten sind auch die Beispiele für a : â mit auslautender tenuis.

7. sac : wâc 4, 209. tac : wâc 86, 277. mâc : tac 85, 143. wâc : phlac 9, 343. 11, 451.
bat : rât 7, 83. stat : hât 6, 89. 34, 85. 36, 140. 74, 5. 77, 9. 78, 123 u. s. w, : rât 12, 37. 17, 231. 60, 63. 69, 279. 72, 141. 80, 483. : stât 28, 19. : wât 80, 307. bettestat : gât 83, 423. walstat : hât 72, 157.

Hieher gehört auch mit inlautender tenuis gestaten : bâten 83, 427.
begât : stat 74, 57. hât : stat 29, 205. 70, 23. 86, 223. prelât : stat 37, 7. rât : stat 20, 189. 22, 47. 40, 71. 80, 497. 94, 101. tât : stat 29, 169. wât : stat 11, 87. 83, 79. 91, 25.

Nicht viel häufiger sind die Bindungen a : â : a vor beiden inlautenden Mediis g und b.

8. gefrâgt : magt 39, 149. frâgte : sagte 18, 59. 45, 5. 91, 87. gefrâgte : gesagte 74, 131. frâgen : clagen 80, 43. : sagen 39, 45. : tagen 18, 55. frâge : sage 80, 159. : tage 19, 109. verwâgen : tagen 1, 25. phlâgen : jagen 9, 231.
geslagen : frâgen 39, 145.
gehaben : gâben 85, 191. habet : gâbet 94, 133.

Mit der hier angefügten Apocope des tonlosen e:
magt : frâgte 39, 305. tagte : gefrâgt 88, 697. frâgte : magt 3, 77. 39, 355.

Langes und kurzes a werden auch gereimt bei auslautender aspirata ch:

9. ach : âch.
ersach : gâch 3, 157. 51, 143. 78, 179. 83, 85. 94, 373. gesach : gâch 84, 79. geschach : gâch 64, 89. 95, 81. : nâch 80, 561. 83, 411. 85, 265. 86, 121. gesprach : gâch 46, 479. 78, 63. : nâch 46, 227, 94, 449.
âch : ach.
gâch : sach 62, 229. 86, 303.

nâch : ach (aqua) 38, 87. : gemach 80, 351. : sach 46, 173. 66, 9. 95, 9. : besach 90, 221. : geschach 83, 233. 86, 49. 90, 77. 93, 55. 94, 87. : sprach 9, 307. 19, 121. 36, 97. 46, 436. 53, 193. 85, 259.

Dann in dem klingenden Reime sprâche : sache 12, 361.

Häufiger sind die Reime aht : âht : aht; ich trenne wieder die Beispiele, in denen apocopirte Verbal-Formen erscheinen, von den andern.

10. aht : âht.
maht : brâht 69, 303. : bedâht 83, 109.
naht : brâht 25, 123. 46, 433. 54, 53. 57, 325. : gedâht 28, 235.
âht : aht.
andâht : maht 16, 141. 23, 713. bedâht : maht 8, 181.
brâht : maht 8, 305. 47, 112. 64, 271. 67, 71. 80, 71. : naht 33, 17. volbrâht : maht 77, 141. : naht 12, 39.
gegâht : maht 77, 157.

Mit apocopierten Verbal-Formen, deren tonloses e ich beifüge.
aht : âhte.
bedaht : brâhte 9, 369. flaht : gâhte 41, 139. maht : gâhte 6, 33.
naht : gedâhte 49, 95. : verdâhte 60, 87.
âhte : aht.
brâhte : wînaht 47, 169.

Vor der Dental-aspirata:
11. verlâz : welwaz 60, 73. [1]

---

[1] Mit ,welwaz' übersetzt der Auctor den Ausdruck ,vas electum'. So heisst in der Legende von der h. Afra der Bischof **Narcissus** von **Augsburg**:

    Nu was ez daz Decian besaz   daz rîch, dô kam daz welwaz 52, 30.

In Unserer Frauen Heimfart lässt er den h. **Petrus** sagen:

    Paule tuo durch got sô
sint du bist sîn welwaz,   von diu gezimet dir baz 57, 139.

Und wieder vom Apostel **Paul** heisst es in der Legende vom h. **Dionysius Areopagita**:

    Wan Paul gotes welwaz   zu dem hôhen meister saz 77, 21.

Selten sind auch die Bindungen a : â : a mit folgender Sibilans und Spirans:
12. âs : was 9, 225.   hâst : gast 42, 131.   90, 355.   : last 82, 169.
gast : hâst 72, 209.   83, 397.   90, 381.   brast : hâst 42, 75.
slahen : sâhen 82, 45.

I.

Die vorige Abtheilung hat schon eine Fülle von Beispielen beigebracht, aus denen hervorgeht, dass der Auctor für die Quantität nur mehr stumpfe Ohren hatte, doch ist mit a : â : a lange nicht so arg umgesprungen als mit i : î : i und deren Verwandten.

Er reimt unbedenklich:

13. in : în.
bin : dîn 23, 35. 62, 129. 83, 99.   : mîn 46, 245.   : sîn 72, 175.
hin : dîn 46, 161. 51, 57. 83, 151. 94, 75.   : în 28, 23.
    80, 357. 90, 91.   : mîn 28, 215. 39, 175. 71, 471.
    89, 165.   : pîn 65, 25.   : schîn 15, 173. 91, 165.   : sîn
    16, 433. 18, 209. 19, 191. 21, 122. 23, 147. 24, 139
    u. s. w. äusserst häufig.   : eigenlîn 44, 57.   : kindelîn
    8, 287.   : schiffelîn 39, 23.
in : mîn 90, 183.   : pîn 25, 233.   : schîn 13, 591. 47, 23.
    59, 193.   : sîn 1, 5. 5, 93. 7, 423. 8, 199. 12, 331.
    13, 69. 21, 83. u. s. w. äusserst häufig.
sin : schîn 12, 23.

14. în : in.
dîn : bin 12, 691.   : hin 23, 46.   : in 40, 107. 80, 471. 88, 833.
în : hin 3, 301. 59, 449. 84, 113. 88, 573.   : in 23, 665.
    47, 35.   : sin 3, 277. 39, 381.
mîn : bin 23, 441. 27, 165.   : hin 12, 243. 13, 123. 16, 121.
    23, 445. 54, 59.   : in 83, 261.
schîn : hin 27, 429. 59, 13. 62, 321.   : sin 15, 41.
sîn : bin 8, 145. 9, 57. 12, 337. 23, 457. 88, 281.   : hin
    5, 63. 8, 7. 11, 297. 12, 685. 13, 167. 15, 227. 16, 91.
    17, 249. u. s. w. noch zahlreich.   : in 8, 179. 12, 163.
    13, 109. 23, 599. 35, 79. u. s. w. noch sehr oft.   : sin
    29, 43. 52, 291. 69, 57. 71, 21.   gesîn : hin 71, 381.

îsenîn : in 30, 73.
eigenlîn : sin 54, 241.   füezelîn : hin 86, 219.   kindelîn : in 8, 321.   : hin 44, 101.   körbelîn : in 49, 85.   schiffelîn hin 27, 205.   : in 27, 199.

15. it : ît.
lit : gît 54, 141.
mit : gît 12, 427.   : lît 94, 539.   : strît 24, 145. 94, 105.
   : widerstrît 11, 67. 22, 60. 53, 191.   : zît P 75. 5, 37. 9, 177. 23, 267. 26, 49. 41, 73. 44, 45. 45, 43. 46, 71. u. s. w. einer der zahlhaftesten Reime.
sit : widerstrît 83, 387.   : gît 12, 651. 47, 159. 74, 189. 78, 37. 89, 199.
smit : zît 72, 193.   undersniten : zîten 18, 25.

16. ît : it.
strît : smit 72, 199.   wît : sit 7, 217.
zît : mit 28, 173. 32, 27. 41, 11. 43, 15. 44, 5. 47, 1. 53, 27. 54, 71. u. s. w. nicht minder zahlreich als mit : zît.   : sit 11, 15. 12, 613. 46, 521. 48, 25. 62, 23. 90, 39. hôchzît : sit 88, 93.   zît : ûzsnit 13, 267.   zîten : siten 11, 1. 21, 5.

Seltener sind die Beispiele mit der Sibilans, ich habe angemerkt:
17. gewis : paradîs 13, 161. 49, 131.   ist : sîst 46, 303.
gîst : frist 66, 115.   sîst : ist 80, 155.   : bist 94, 447.

In den folgenden erscheinen die Reime i : ie : i, die übrigens ohne Ausnahme auch anderwärts vorkommen, und zwar bei den allerbesten.

18. i : ie.
mir : schier 9, 129. 16, 255. 96, 87.   : vier 28, 291.
dir : schier 52, 243. 58, 43. 80, 279. 91, 159. 96, 165.   : tier 78, 245.
ir : fier 66, 81.[1])   : schier 7, 389. 9, 159. 11, 343. 41, 161. 64, 63. 88, 775.   : zier 68, 7. 85, 87.

---

[1]) Eine Erinnerung aus den ritterlichen Zeiten. Die Verse lauten:
  Doch kam ze aller zît zuo ir
  ein liehter jungelinc fier 66, 81.

gir : schier 52, 133. 95, 103.   wirde : zierde 88, 825.
dinc : gienc 7, 27.   : begienc 73, 48.   phenninge : gienge 12, 627.
ie : i.
schier : dir 90, 367.   : mir 13, 707.   : ir 1, 193. 16, 407.
  : gir 49, 107.
stier : dir 97, 387.
tier : dir 27, 357.   : wir 18, 41.   : gir 16, 87. 23, 19. 45, 103.

Die Bindung î : ie : i erscheint vereinzelt in deutschen Worten, ist aber um so häufiger mit i eines lateinischen Casus.
19. î : ie.
bî : hie P 85. 11, 261. 65, 9. 86, 271. 94, 185.   sî : hie 94, 537.

20. ie : î.   sie : bî 79, 151.

Mit lateinischen Casusformen:
21. î : ie.
Aprilî : begie 53, 231.   Argeî : die 8, 9.   Blasî : die 8, 101.   Bonifacî : die 62, 49.   Christî : die 3, 283.   : alhie 48, 95.   Desiderî : hie 78, 193.   diaconî : hie 30, 7.   Gregorî : die 12, 421.   Patricî : hie 51, 135.   Querinî : hie 45, 121.   Vendî : die 18, 99.
ie : î.
die : Nicostratî 2, 46.   : Medî 7, 35.   : Philippî 29, 47.   sie : Calixtî 51, 87.

Dass für den Dichter das lange î sich bereits in einigen Fällen zu diphthongieren begann, beweisen folgende Reime:
22. î : ei.
ketzerîe : manger leie 48, 55.   entwîchen : zeichen 84, 81.   schîn : gestein 39, 219.   wîn : kein 34, 75.
ei : î.
erbeit : zît 43, 13.   leit : zît 45, 89.   schein : pîn 4, 137.   reine : pîne 87, 45.

Bis hieher habe ich die Reime -lich und -rich mit den Pronominalformen ich, mich, dich, sich zurückbehalten. Sie kommen auch anderwärts vor und ich übergehe hier alle Adjectiva und Adverbia, die mit solchem -lich oder -rich auf die

Pronominalformen auch von unserem Dichter zahlreich gereimt werden. Etwas anders steht die Frage, wenn dies mit einfachem rîch oder mit Substantiven der Fall ist, und da gewährt der Auctor folgende Beispiele:

23. a) mich : rîch 13, 159. 90, 427. : himelrîch 39, 447.
  82, 163. 83, 305. 88, 453.
  himelrîch : ich 8, 195. : mich 9, 73. 42, 71. 54, 105.
  89, 227.
b) dich : rîch 69, 201. : himelrîch 23, 65.
  himelrîch : dich 37, 63. 42, 43. 52, 337. 84, 69.
c) sich : rîch 23, 291. 49, 23. 53, 139. 88, 337. : himelrîch
  2, 35. 16, 77. 22, 171. 46, 609. 50, 57. 69, 181 u. s. w.
  : Frankrîch 77, 77.
d) rîch : sich 53, 1. 58, 9. 72, 1. 77, 69. 79, 9. 81, 3. u. s. w.
  himelrîch : sich 1, 53. 4, 45. 5, 117. 8, 323. 12, 19. 30, 59.
  52, 137 u. s. w.

Die Bindungen e : i, ë : ie im folgenden Abschnitt am Schlusse.

E.

Der Dichter reimt unbedenklich e : ë : ê in allen Lagen aufeinander, niemals aber den Umlaut des langen a mit irgend einem ê oder gar e und ë.

24. ê : ë.
êr (prius) : hër 95, 3.
geêrt : wërt 86, 3. ungêrte : swërte 6, 143.
hêr : dër 88, 123. : ër 11, 223. : gër 29, 113. 34, 109. 52, 107.
bekêrt : wërt (= wërdet) 40, 91. gekêrt : Gotbërt 37, 57. verkêrt : wërt 9, 363. : unwërt 23, 639. gelêrt : wërt 76, 13.
  bekêrten : gërten 8, 79.
mêr : ër 64, 53. 74, 145. : gër 25, 83. : hër 28, 131. 37, 153.
  69, 139. 93, 21.
sêr : hër 74, 11. 78, 69. 83, 489. gên : dën (istis) 46, 369.

25. ë : ê.
dër : hêr 52, 5. ër : hêr 71, 331. 73, 455. 78, 191. : mêr
  12, 241. 31, 73. 71, 465. 97, 233.

gër : mêr 23, 217.   iemêr 58, 7.   gërst : kêrst 46, 273.   gërt
: bekêrt 86, 107.   : gelêrt 55, 13. 71, 215.   gërte : kêrte
19, 299.   : mêrte 52, 19. 59, 15.   gërten : kêrten 46, 585.
wërt : kêrt 91, 77.   : verkêrt 9, 61.   : gelêrt 10, 9. 37, 61.
38, 5. 39, 465.   unwërt : gekêrt 11, 7.

Mit Apocope der Verbal-Formen:

ê : ĕ.
bekêrt : gërte 18, 193.   kêrte : wërt 71, 25. 75, 61.   lêrte
wërt 73, 5.
ë : ê.
wërt : êrte 94, 299.   : bekêrte 40, 311. 61, 87.   : lêrte 33, 49.

26. ê : e.
geêrt : gewert 42, 279.   bekêrt : beschert 90, 369.   gêt : stete
87, 37.
e : ê.
gewert : bekêrt 86, 101.   : lêrte 75, 147.   gewerte : bekêrt
86, 101.   gewern : bekêren 83, 467.   beschern : hêrren
62, 359.   stete : begêt 77, 127.

27. ë : e.   swëster : vester 33, 13.
e : ë.   helle : welle 2, 221.   22, 155.

Ebenso vereinzelt erscheinend, aber echt schwäbische sind
die Reime:
gërne : dierne 57, 215.   gewinnen : rennen 5, 39.   hengen
: giengen 4, 65.

O.

Langes und kurzes o werden gereimt in den ganz all-
gemein vorkommenden Bindungen.
28. ort : ôrt.
hort : zestôrt 13, 771.   wort : gehôrt 37, 175   78, 65. 83, 139.
gestôrt 77, 95.
und in dem klingenden Reime worte : erhôrte 7, 201. 11, 133.

ôrt : ort.
erhôrt : wort 71, 267. gehôrt : wort 55, 35. ungehôrt : wort 29, 259. zestôrt : wort 83, 439. Ferner in den klingenden Reimen:
hôrte : worte 11, 393. 24, 79. hôrten : worten 8, 109. erhôrte : worte 1, 171. 2, 89. 3, 187. 4, 161. 6, 99. 8, 283. 10, 69. 11, 27. 12, 159. 13, 321. 15, 113. u. s. w. (beinahe in jeder Legende wenigstens einmal). gehôrte : worte 12, 473. zestôrte : worte 16, 145. 96, 139.

Dann mit apocopiertem e der Verbal-Formen:
29. wort : hôrte 34, 11. 71, 121. 94, 505. 95, 71. : erhôrte 40, 251. : überhôrte 96, 187.
hôrte : wort 29, 145. 40, 243. 78, 45. erhôrte : wort 12, 321. 24, 95. 34, 33. 81, 87. stôrte : mort 80, 115. zestôrte : wort 18, 213.

Ausser diesen allgemeinen vorkommenden Reimen o : ô : o erlaubt sich der Dichter auch andere:
30. lôn : von 79, 9. von : lôn 7, 335. 23, 419. 46, 73.
got : nôt 54, 119. 57, 95. 88, 59. : tôt 11, 39. abgot : tôt 48, 89. 85, 171. tôt : abgot 23, 58. hôch : doch 46, 479.
môr : vor 28, 75.
verloren : tôren 11, 79.

Schliesslich will ich hier noch die Reime a : o hersetzen, die sich der Reimer ein paarmal erlaubt:
31. schône : dan 66, 91. Clion : undertân 72, 15. nâch : doch 17, 335.

U.

Der Dichter reimt niemals iu : u : û, dagegen aber
32. u : uo.
bistu : dar zuo 2, 75. gesigestu : fruo 18, 37. du : tuo 19, 29.
frum : bistuom 76, 37. : christentuom 1, 57. 12, 493. 60, 117. 75, 133.
sun : tuon 3, 75. 12, 261. 13, 149. 14, 37. 59, 151. 69, 119. : vertuon 51, 77.
kur : fuor 15, 161. willekur : swuor 40, 209.

Ferner mit den lateinischen Casusformen:

elleborum : siechtuom 83, 193.   evangelium : christentuom 17, 95.
Briccium : bistuom 84, 93.   Constantinum : hêrtuom 45, 125.
Cyriacum : christentuom 53, 185.   Effesum : christentuom 53, 3.   Theodorum : christentuom 82, 3.   Maximum : christentuom 85, 271.

uo : u.
bistuom : frum 15, 161.
christentuom : frum 12, 571. 17, 211. 24, 61. 29, 25. 51, 15. 54, 51. 79, 37. 86, 25. 88, 233.
siechtuom : frum 12, 181. 46, 201. 69, 87. 71, 481.
ruom : frum 94, 125.
tuon : sun 10, 35. 57, 37.   tuont : funt 69, 61.
fuor : kur 83, 737.
bistuom : Armencium 84, 99.

Kommen schon von diesen Reimen die meisten anderwärts vor, so ist dies auch der Fall mit:

û : ou in ûf : slouf 69, 49.   : ûzslouf 73, 145.

und unserem Dichter eigenthümlich ist nur der auch rührende Reim:

rouch : rûch 84, 73.

B. Die Consonanten.

Die mediae reimen aufeinander. Es sind folgende Fälle möglich: 1. b : g, 2. g : b, 3. b : d, 4. d : b, 5. d : g, 6. g : d. Der Dichter hat alle diese sechs Fälle mit einem Reichthum von Beispielen belegt, wie wohl kein anderer gethan hat.

1. b : g.
graben : tragen 2, 247.   begraben : clagen 83, 733. 88, 755.
: sagen 2, 125. 15, 197. 24, 199. 33, 37.   : erslagen 33, 69. 45, 11.   : tagen 67, 85.
haben : sagen 46, 219.   habe : sage 16, 173. 54, 223.   habt : magt 13, 267.   habten : sagten 8, 47.   haben : tagen

19, 131. 30, 85.   39, 117.   46, 69.   : tragen 12, 641.
28, 129. 47, 153. 72, 115.   88, 154. habent : tragent
80, 313. haben : betragen 13, 311.   : vertragen 20, 169.
74, 55.   behaben : clagen 27, 383.   erhaben : geslagen
13, 137. gehaben : tragen 80, 305.   ûf gehaben : sagen
23, 471.
begraben : lâgen 28, 251.   gehabt : frâgte 44, 51.

geben : phlegen 31, 91.   40, 415.   gebe : phlege 30, 29.   geben
   : gelegen 23, 531.   : wegen 10, 53.   69, 211.   gegeben
   : gelegen 3, 163.   : wegen 37, 49.   ergeben : verwegen
   11, 17.   vergeben : gephlegen 64, 209.   : wegen 39, 443.
entheben : legen 49, 35.
leben : legen 89, 77.   : gelegen 18, 19.   : phlegen 24, 137.
   48, 119.   : gephlegen 46, 615.   : segen 24, 143.   : wegen
   3, 267.   : verwegen 34, 97.   78, 129.

getriben : ligen 40, 461.   : sigen 37, 155.   vertriben : geligen
   16, 429.

gelouben : ougen 11, 147.   16, 261.   52, 177.   : lougen 3, 47.
   31, 35.   : verlougen 30, 65.
berouben : ougen 12, 315.

2. b : g.
clage : grabe 46, 575.   clagen : begraben 34, 137.   75, 29.
   : haben 46, 317.
sagen : begraben 54, 163.   gesagen : begraben 73, 33.   : haben
   23, 577.   39, 109.   77, 191.   80, 157.   sagent : habent
   88, 187.
beslagen : haben 80, 309.   durhslagen : erhaben 89, 145.   er-
   slagen : begraben 32, 7.   33, 37.   59, 41.   63, 49.   66, 21.
   80, 551.   83, 113.   : behaben 18, 51.
tage : herabe 13, 131.   : grabe 46, 343.   : begrabe 27, 445.
   tagen : begraben 75, 181.   94, 377.   : haben 27, 419.
   46, 623.   50, 31.   : gehaben 35, 61.   wêtagen : gehaben
   13, 199.
tragen : begraben 49, 139.   77, 117.   79, 145.   : haben 23, 27.
   47, 175.   53, 19.   72, 139.   86, 209.   89, 45.   tragent
   : habent 5, 125.   getragen : begraben 40, 489.   45, 127.

4*

55, 89. 87, 53. 88, 715. 91, 225. : gehaben 85, 275.
vertragen : haben 40, 417.
tagen : gâben 15, 39.   lâgen : begraben 37, 203.   : haben 90, 337.
degen : leben 17, 239.   enkegen : geben 83, 95.
legen : geben 49, 34. 88, 333. : gegeben 88, 101. : ergeben 85, 303.   : vergeben 55, 61. 64, 245.   : leben 9, 245. 45, 83. 80, 235. 82, 9. 85, 225. 87, 23. 88, 771. legent : ergebent 72, 67.   : lebent 70, 51.   gelegen : leben 44, 69.   : gegeben 96, 294.
phlegen : leben 11, 45. 37, 73.   phlegent : gebent 41, 33.   gephlegen : leben 90, 51.
segen : geben 16, 129.
wegen : geben 46, 119.   gewegen : geben 18, 197.   : gegeben 3, 265.   : leben 10, 29. 13, 7. 82, 35.   verwegen : gegeben 6, 109. 19, 57.   : leben 54, 29. 88, 439.   verweget : gebet 89, 51.   widerwegen : leben 54, 29. 88, 439.
slegen : ergeben 31, 19. 38, 85. 44, 17.
gegende : lebende 16, 3.
ligen : geschribën 16, 379.   geswigen : vertriben 40, 331.   verzigen : beliben 40, 197.
ougen : gelouben 42, 91. 86, 73.   lougen : gelouben 8, 153.   tougen : gelouben 15, 93. 83, 27.   : berouben 40, 361.

3. b : d.

haben : laden 12, 647.   : geladen 59, 309.
vergeben : reden 46, 155.
getriben : versmiden 95, 139.

4. d : b.

geladen : haben 12, 659. 49, 83.   entladen : haben 10, 61.
gnâden : begraben 35, 109.
reden : leben 35, 109.

5. g : d.

sagen : geladen 94, 475.   tagen : laden 80, 345.   : geladen 1, 211. 24, 203.   : schaden 79, 41. 97, 434.
tragen : geladen 90, 207.   voltragen : geladen 13, 99.

degen : gereden 13, 403.   wegen : reden 20, 31.

eigen : heiden 44, 89.   veige : leide 53, 157.

6. d : g.

geladen : beclagen 64, 243.   : tagen 46, 23.   86, 151.

schaden : clagen 1, 125.   23, 293.   52, 249.   : tragen 12, 91. : vertragen 78, 229.   geschaden : vertragen 6, 141.

genâde : sage 14, 13.   : tage 83, 335.   gnâden : tagen 26, 163. 49, 41.   : betragen 29, 265.

rede : wege 3, 97.   8, 77.   11, 35.   13, 209.   reden : wegen 5, 15.   22, 125.   überreden : phlegen 88, 229.

heiden : eigen 28, 41.   leiden : eigen 91, 119.

Die Mediae reimen auch mit einander, wenn sie nasaliert sind.

7. nd : ng.

banden : gehangen 88, 681.   : gevangen 5, 11.   44, 3.   87, 9.

handen : erlangen 89, 239.   : gevangen 88, 269.   landen : belangen 66, 7.

henden : sprengen 19, 91.

binden : bringen 26, 45.   vinden : misselingen 11, 47.   verswinden : dingen 13, 429.

herzengrunde : bezzerunge 7, 151.   besunder : hunger 86, 163. dar under : hunger 42, 173.   90, 201.   stunden : gelungen.

8. ng : nd.

lange : lande 1, 85.   unlange : lande 1, 147.

gevangen : banden 24, 3.   25, 93.   39, 103.   53, 39.   54, 21. 70, 3.   80, 97.   88, 489.   enphangen : landen 29, 75. 86, 157.   umbevangen : banden 37, 143.

singen : kinden 59, 503.

hunger : besunder 7, 397.   junger : besunder 13, 567.   : dar under 17, 3.

jungen : funden 23, 509.   zunge : kunde 23, 229.

9. nd : mb.

dar under : kumber 7, 244.   86, 203.

Hier will ich gleich die Reime anschliessen, in denen eine nasalierte Media mit der verdoppelten Nasalis gebunden wird.

10. ng : nn.

gedrange : danne 29, 193.

begangen : dannen 90, 583.   kirchgange : danne 47, 157.   ergangen : dannen 40, 229.

lange : danne 11, 153.   85, 317.   : manne 54, 113.   unlange : danne 83, 113.   erlangen : dannen 46, 171.

gevangen : Annen 13, 59.   enphangen : mannen 40, 347.

bringen : gewinnen 11, 409.   96, 131.   phennige : gewinnen 46, 113.   springen : gewinnen 39, 369.

dingen : gewinnen 13, 569.   83, 249.   90, 321.   gedingen : entrinnen 4, 163.

11. nn : ng.

danne : gedrange 12, 273.   : lange 41, 185.   50, 17.   : unlange 2, 261.

wanne : lange 16, 169.

verbrinnen : ungelingen 6, 19.   innen : dingen 13, 611.   gewinnen : bringen 19, 89.   40, 45.   54, 47.

12. nd : nn.

vindest : gewinnest 27, 447.

stunden : verbrunnen 76, 71.   : begunnen 27, 455.   : entrunnen 35, 45.

13. nn : nd.

brunne (flammaret) : stunde 6, 13.   gunnen : stunden 5, 79.   überrunnen : wunden 13, 663.   gewunnen : stunden 46, 377.   80, 463.

Von den Liquiden ist zu bemerken: m und n reimen, wie in vereinzelten Fällen auch bei anderen, so bei unserem Dichter ganz allgemein und zwar bei gleicher und ungleicher Quantität des Stammvocals; ich sondere beide Reihen.

14. am : an.

kam : bran 12, 465.   : gewan 16, 317.   61, 25.   : began 18, 201.   : man 71, 457.   82, 13.

nam : dan 46, 569. 80, 361. : man 87, 7. genam : gewan
16, 393. vernam : dan 8, 53.
kam : Diocletian 44, 19. Aquitaniam : Meilan 83, 171. Calvariam : ran 18, 281. Galliam : man 72, 11. Persiam
: man 53, 107.

an : am.

an : kam 20, 241. dan : kam 47, 61. : sam 28, 105. : freissam 17, 265. : stam 69, 35.
man : uberkam 88, 81. edelman : zam 96, 3.
Adrian : kam 36, 95. Kilian : kam 37, 19. Roman : nam
54, 155. dan : Agalaiam 17, 103. : Britanniam 81, 85.
hant : gezamt 76, 53.

am : ân.
kam : hân 12, 487. lîchnam : hân 12, 517. : sân 2, 237.
Ciliciam : getân 95, 89.

ân : am.
gegân : kam 16, 63. hân : nam 2, 67. lân : freissam 27, 337.
stân : freissam 83, 481. getân : freissam 27, 345. : lobesam 81, 89.

im : in.
im : hin 9, 213. 13, 117. 16, 155. 19, 143. 23, 131. 34, 107.
  (u. s. w. einer der häufigsten Reime) : in 7, 407. 8, 11.
12, 347. 13, 93. 16, 19. 40, 113. 53, 199. (u. s. w.
nicht minder zahlreich als der vorige) : sin 19, 21. 27, 11.
29, 39. 42, 113. 71, 131. u. s. w. : unsin 58, 125.

in : im.
bin : im 12, 441. hin : im 16, 397. 19, 107. 28, 85. 46, 251.
51, 49. 83, 375. 90, 259. in : im 12, 67. 13, 187.
16, 125. 17, 225. 27, 307. 40, 427. u. s. w. sin : im
93, 45.
hin : Constantinopolim 69, 301. 75, 61.

im : în.
im : dîn 10, 39. 89, 229. : în 45, 51. 83, 629. : mîn 13, 225.
20, 43. 39, 277. : schîn 93, 69. : sîn 12, 615. 14, 27.
17, 113. 35, 65. 36, 115. 42, 177. (u. s. w. in vielen
Beispielen.) Tiberim : sîn 44, 23.

în : im.
în : im 11, 185. 13, 577.   mîn : in 8, 87.   sîn : im 13, 529. 46, 115. 53, 47. 83, 66.

Weniger zahlreich sind solche Reime mit den übrigen Vocalen:
Simeon : kom 93, 53.   Rôm : von 46, 427.
sun : Jesum 14, 23.   gesunt : kumt 50, 179.   kunst : überkumst 88, 231.
tuon : christentuom 24, 197. 31, 95.   siechtuom : tuon 12, 189. Polycarpum : tuon 6, 93.   Decium : tuon 35, 115.

Allgemeiner kommt vor hein = heim; bei unserem Reimer:
heim : kein 27, 79. 37, 225.   : rein 52, 145. 85, 83.   : clein 23, 533. 83, 247.
kein : heim 50, 165.   rein : heim 22, 73. 34, 91.

Klingende Reime dieser Art sind die zum Theil ebenfalls weiter verbreiteten:
mânen : kâmen 80, 517.   dienen : niemen 55, 47.   heime : reine 46, 267. 84, 27.   : gemeine 12, 335.   schône : Rôme 35, 215. u. öfter.

Wie der Dichter mit anderen einfaches m mit n reimt, so auch geminiertes in ebenfalls auch anderwärts vorkommenden Fällen.

15. mm : nn.
grimme : inne 25, 189.   stimme : sinne 13, 79. 38, 37.
nn : mm.
inne : grimme 80, 507.   rinnen : swimmen 28, 123.

Der Auslaut m in Bildungs- und Flexionssilben stumpft sich bereits ab.
ertpidem : siten 49, 127.   ludem : juden 46, 421.   juden : ludem 46, 435.   weinen : einem 23, 473.

16. Einfache Media wird mit einfacher Liquida gebunden.
wâren : lâgen 2, 93.   : phlâgen 11, 419. 13, 749.
geben : nemen 7, 101.   leben : nemen 16, 51.   nemen : legen 5, 49. 9, 267.   : geben 80, 201.

Erweitert ist dieses Gesetz in den Reimen:
worden : erstorben 3, 83.   armen : darben 7, 223.   bilde : stille 90, 509.   manicvalde : alle 3, 31.

Eine Ausartung dieses Gesetzes ist aber der Reim: sterbten : lebten 71, 149., der durch keine Besserung zu beseitigen ist, so lange die Hss. noch etwas gelten. Ich führe die Stelle ganz an:

Zwô ungehiure nateren grôz   den daz fiur ûz schôz
dâ si daz liut mit sterbten.   si fuoren sam si lebten,
die scholden Matheum versêren . . .

Analog sind diesem Reime die folgenden:

Er gewan ein her grôz und starc   doch ez gein disem
                                   niht enwac 19, 9.
                                   ir gewant was alsô rîche
daz ez stuont ze manger marc.   von golde unt von gesteine ez wac 45, 63.
die wurden von dem süezen smac   wol gesunt und vil
                                  starc 49, 135.

17. Der Verfasser reimt die Media g auch mit der Spirans, aber nur in klingenden Reimen:
vahen : phlâgen 80, 197.   slahen : tragen 2, 229.   phlâgen : slahen 45, 97.   lâgen : sâhen 47, 87.

18. Die Tenues werden im Ganzen genau gereimt; es sind nur ein paar Ausnahmen zu verzeichnen:
Hyrcat : slac 71, 479.   lîp : gît 54, 141.

19. Hiezu kommen die auch sonst erscheinenden Bindungen c : ch.
wac : ersprach 54, 77.   smac : jach 23, 693.   gesmac : ersach 6, 139.

20. Ausser den unregelmässigen Bindungen der Spirans mit der Guttural-Media ist auch noch zu verzeichnen: h : ch in sâhen : brâchen 36, 131 und h : r in ersâhen : wâren 13, 741 (? ersân : wân).

21. Die Spirans wird in- und auslautend abgeworfen: brâht : Nicostrât 2, 127.   gemâl (= gemahel) : mâl 3, 41.   gegân : getwân 46, 137.   Nazareth : reht 14, 5.   sihst : ist 7, 133.   schiet : nieht 59, 111. Dieser letzte Reim ist um so auffallender, als der Dichter auch lieht : niht 2, 75. 3, 143 reimt. dâ : nâ 37, 9. 43, 305. 44, 25. 48, 43. 76, 121. 78, 129. 83, 313. 86, 297.   nâ : sâ 83, 431.

sâ : nâ 76, 67.   83, 31.   85, 179.   95, 157.   : geschâ
83, 383. Diese nâ im Reime auf eigene Namen: Asia,
Maria, Brinca, Candida, verstehen sich von selbst.
dô : hô 18, 263.   89, 173.   hô : dô 74, 193.   Marcô : hô 17, 65.
Matteo : hô 17; 43.   hô für hôch ist auch nur Ausnahme
des Reimes wegen, in der Regel wird hôch (zôch : vlôch
: doch u. s. w.) gereimt.
entwër : hër 52, 115.   : iemêr P 17.   : hêr 83, 585.
hër : entwër 15, 11.   lêr (e) : entwër 52, 295.   71, 223.   mêr
: entwër 95, 51.

22. Die Sibilans und die Dental-aspirata werden auffallender
Weise nur in sehr wenigen Fällen gereimt:
was : fürbaz 40, 309.   : entsaz 11, 213.   saz : waz 19, 225.

23. Auch den Reim ht : ft : ht kennt und braucht der
Verfasser, und zwar:
maht : geselleschaft 49, 165.   : craft 12, 521.   niht : geschrift
13, 337.   gerihte : vergifte 94, 341.   craft : maht 8, 251.
uncraft : unmaht 13, 491.   redhaft : maht 15, 47.   geschrift : giht 9, 19.

24. Der Dichter verwendet auch zum Reim:
gewaltic : êwic 8, 151.   gereiniget : wiget 71, 113.   bestaetige
: lige 16, 135. und endlich nach der Regel, dass die Mediae aufeinander reimen, nider : almehtiger 3, 279.

In dem Reime kindes : vindest 57, 79 lässt sich das überschiessende t zur Noth beseitigen, dagegen nicht in den Zeilen:

Und wart ein kirche gemacht   gote zu lobe und ir dar
nâch 91, 227.
der himelslac kumt über dich   und daz zornec gotes
geriht 19, 133.
und bat got von himelrîch   der tete dar über sîn geriht
ob „gerich'?   41, 215.

C. Apocopen.

In den bisher dargelegten Reimgesetzen sind schon Apocopen vorgekommen, und zwar verbale in den Nummern A 4 und 10. Ihrer ist noch eine ganz grosse Zahl vorhanden, die alle so wenig hier verzeichnet werden, als die unregelmässigen Reime.

1. Das e des Praeteritums der schwachen und rückumlautenden Verba wird abgeworfen.

betagte : magt 62, 45. verjagt : clagte 28, 63. magt : clagte 91, 209. gesagt : tagte 25, 149. gewalt : zalte 19, 139. andâht : brâhte 69, 235. brâht : bedâhte 19, 23. : gâhte 9, 241. : versmâhte 41, 213. gegâht : brâhte 78, 157. brâhte : andâht 47, 125. gedâhte : brâht 13, 597. : volbrâht 71, 247.
verbrante : zehant 11, 421. erkante : zehant 2, 61. : heilant 95, 5. : genant 43, 17. : geschant 23, 101. : envant 23, 403. nante : erkant 86, 119. : lant 66, 71. sante : erkant 67, 13. : lant 57, 107. : genant 53, 99. versante : einlant 40, 41. bewarte : heimvart 21, 91. : verspart 54, 15.
bant : wante 13, 679. zehant : verbrante 85, 327. hant : erkante 25, 61. : wante 94, 139. : sante 39, 397. : wante 78, 211. : erwante 95, 95. erkant : wante 71, 317. lant : verbrante 67, 27. 82, 23. : erkante 66, 61. : mante 18, 267. : sante 71, 51. genant : erkante 23, 13. 86, 27. : sante 87, 13. : swante 12, 193. verswant : verbrante 9, 363. : erkante 18, 93. vant : erkante 62, 241. ervant : enwante 27, 289. gewant : erkante 3, 69. 91, 11. zetrant : erkante 94, 159. steinwant : erkante 74, 109. : nâchrante 23, 23. underwant : verswante 34, 59. wart : sparte 88, 691. : ersparte 36, 61. zezart : ersparte 88, 593.
gelêrt : kêrte 75, 129. wolgelêrt : kêrte 96, 5. kêrte : gelêrt 12, 11. lêrte : bekêrt 40, 81. 48, 51. 51, 27.
beschert : werte 86, 13. geselt : quelte 12, 59. erwelt : quelte 12, 125. verzert : ernerte 83, 57. verzerte : erwert 50, 67. wêrt : gërte 12, 17. 21, 7. 36, 71. 40, 283. 96, 29. 97, 95. hôrte : zestôrt 83, 257. : betôrt 2, 231. gehôrt : zestôrte 1, 127. vînt : pînte 85, 73.

2. Die Verba: legen, darlegen, fürlegen, clagen, beclagen geclagen, behagen, verjagen, sagen, versagen, vorsagen, wider-

sagen, verzagen, werden alle in den Praeteritis: leite, darleite, fürleite, cleite, becleite, gecleite, beheite, verjeite, seite, verseite, vorseite, widerseite, verzeite, apocopiert und so auf viele Substantiva, Adjectiva und starke Praeterita reimfähig gemacht. Diese Reime begegnen auf allen Blättern und ich hebe keinen einzigen aus. Das Verbum frâgen in der Nebenform fregen wird eben so gekürzt; der Schreiber der Kloster-Neuburger Hs. hat diese Kürzung nur an einer Stelle belassen, wo er nicht ändern konnte:

vertreip siben bœse geist, daz bin ich die du freist 46, 537.

es ist aber möglich, dass die oben unter A 8 angeführten Reime gefrâgt : magt u. s. w. = gefreit : meit zu lesen sind.

3. Ebenso erlaubt sich der Dichter die Apocope des tonlosen e an Substantiven aller Geschlechter.

a) dan : vane 19, 43.   vane : an 19, 35.   hase : was 83, 409. was : wase 7, 221.   boumgarte : wart 23, 651.   rôsengarte : bewart 3, 307.   tiergarte : wart 45, 99.   wart : tiergarte 28, 47.

b) habe : gap 35, 27. 62, 73. 71, 319. 80, 211. 83, 303 u. s. w. : zergap 91, 115. 94, 175.   gap : habe 62, 279. 71, 307. 83, 55.   vergap : habe 64, 175.   labe : gap 75, 85.   gar : bâre 64, 265.   getrat : kemenâte 85, 85.   râche : sach 41, 247.   : geschach 81, 53.   ersach : râche 72, 151. geschach : râche 53, 167.   gesprach : râche 72, 117.   nâch : râche 8, 155. 81, 65. 88, 805.   verriet : miete 73, 37. geriht : slihte 37, 39.   verriht : slihte 15, 63.   hël : sêle 9, 175.   Michaël : sêle 20, 177. 23, 691. 38, 73. 84, 133. sêle : Michaël 41, 283. 57, 271. 71, 495. 74, 207. 81, 105. 90, 585.   Alexander : lêre 20, 3.   dër : êre 44, 41.   ër : êre 90, 527. 97, 97.   gër : êre 78, 203. 88, 355.   hër : êre 46, 547. 88, 823.   : lêre 80, 269. 88, 171. 94, 429. etwër : lêre 80, 529.   êre : gër 23, 405.   lêre : Alexander 20, 45.   : dër P 45.   : gër 42, 49. 60, 39. 75, 65. kone : von 37, 47.   lôn : krône 2, 155. 26, 89.   rôse : kôs 83, 751.   Nereon : krône 5, 123.   Pantaleon : krône 42, 289.   krône : Pantaleon 42, 5.   hûs : klûse 51, 123. klûse : hûs 46, 517.   Daedalius : klûse 35, 63.

c) heimgeverte : beschert 87, 83.   vor : ôre 97, 371.

4. Ebenso wird das tonlose e der Adverbia unterdrückt:
undâre : war 83, 521.   harte : wart 4, 177.   harte : wart 9, 21.
spâte : hat 3, 119.   : getrat 62, 71.   von : schône 77, 113.
schône : von 46, 91.   78, 135.   : lôn 34, 73.   52, 41.
: Pantaleon 42, 239.   Clion : schône 22, 17.   Eufronon
: schône 71, 289.   Graton : schône 10, 45.

Zweifelhaft bleibt, ob gërn oder gëren zu lesen sei nach den unter A 24—26. beigebrachten Reimen:
gërne : gewern 40, 59.   78, 143.   entwern : gërne 90, 213.
gewern : gërne 85, 103.   enpern : gërne 13, 35.   : ungerne 19, 105.   51, 101.

5. Dass ein Reimer, der die Apocope förmlich zu einem Gesetze erhoben hat, nicht viel Federlesens mit dem e des Dat. sing. machen wird, versteht sich von selbst; auch dafür Beispiele anzuführen, unterlasse ich, um Platz für zwei Apocopen zu gewinnen, die zu den stärksten gehören. Der Reimer gibt der Form ‚zesam' unbedingt den Vorzug vor dem daneben gebrauchten ‚zesammen'.
kam : zesam 9, 335.   12, 135.   69, 243.   86, 307.   90, 269.   94, 459.
nam : zesam 97, 137.   genam : zesam 7, 183.   zam : zesam 62, 47.   getân : zesam 68, 91.   man : zesam 71, 371.
zesam : gram 29, 19.   39, 379.   : kam 40, 421.   : vernam 69, 147.   : zam 94, 425.   97, 333.   : man 71, 363.   : Seleuciam 1, 101.

Neben den schwachen Casusformen des Subst. name braucht er für alle Casus des Singulars blos die Form ‚nam'.
Nom.   nam : kam 90, 163.   : Johan 16, 375.   : Eugeniam 67, 5.
    man : nam 10, 1.   53, 23.   64, 69.   80, 503.   83, 505.
Dat.   kam : nam 8, 315.   man : nam 30, 17.
Accus.   nam : Asiam 1, 71.   : Katharinam 88, 900.   : kam 71, 287.   80, 83.   : nam 90, 150.   : zam 68, 41.   hân nam 2, 67.   man : nam 81, 65.

Diese Apocopen der schwachen Casusformen kommen vereinzelt auch bei andern Substantiven vor:

... sîn liute warten sîn hin vor,
die wânten den selben tôr   mit ir sînen willen hân 3, 173.
tôr = tôren.

.... und den künec hêr
toufte er und sîne kon und sînen sun den er von
dem tôde erwecket hete 71, 332.

kon = konen.

D. Rührende Reime.

Weit verbreitet sind die rührenden Reime -lîch : -lîch; auch der Verfasser des Buchs der Märterer hat deren eine Unzahl verwendet.

a) lîch : lîch. eislîch : gelîch 18, 23. 75, 81. êrlîch : gotlîch 12, 673. : tägelîch 62, 13. : tougenlîch 28, 249. : untugentlîch 31, 57. frîlîch : unbescheidenlîch 96, 73. gelîch : bescheidenlîch 18, 33. heimlîch : sunderlîch 24, 155. clegelîch : êrlîch 26, 155. kurzlîch : sicherlîch 88, 649. offenlîch : heimlîch 28, 233. 40, 231. redelîch : endelîch 22, 181. : gelîch 67, 93. : wârlîch 34, 63. richlîch : ieslîch 12, 33. sicherlîch : jaemerlîch 32, 43. 88, 529. sitlîchen : eislîchen 11, 225.

b) eclîch : lîch. flîzeclîche : sunderlîche 20, 29. staeteclîch : gemeinlîch 94, 533. willeclîche : clegelîche 8, 61. : tugentlîche 53, 97. zorneclîchen : billîchen 72, 77.

c) lîch : eclîch. eislîch : allermenîclîch 9, 259. : gemeineclîch 53, 17. êrlîch : ärmeclîch 62, 21. : sihteclîch 64, 181. grôzlîch : gemeineclîch 23, 525. inneclîche : sunderlîche 16, 165. redelîch : wurmeclîch 96, 9. wârlîchen : genaedeclîchen 28, 161.

d) eclîch : eclîch. staeteclîch : snelleclîch 29, 147. willeclîch : gedulteclîch 94, 177. : inneclîch 96, 99. : sihteclîch 97, 187.

Ebenso reiche Beispiele finden sich für den Reim -heit: -heit.

a) heit : heit. gotheit : menscheit 23, 619. : tumpheit 57, 397. kristenheit : gotheit 12, 563. wîsheit : manheit 2, 9.

b) echeit : heit. heilecheit : bescheidenheit 97, 105. : bôsheit 28, 149. : krancheit 46, 619. unstaetecheit : krancheit 64, 313.

c) heit : echeit. bôsheit : wirdecheit 72, 83. glanzheit : reinecheit 83, 49. gotheit : heilecheit 48, 8¹. : staetecheit 20, 75. krancheit : unstaetecheit 86, 187. menscheit : heilecheit 88, 547. : barmherzecheit 71, 35. pfafheit : heilecheit 37, 41. rîcheit : êwecheit. 11, 71. trugencheit : wirdecheit 87, 31.

d) echeit : echeit. wirdecheit : heilecheit 90, 7. barmherzecheit : heilecheit 50, 185. bloedecheit : êwecheit 64, 327. rehtekeit : heilecheit 29, 261. reinecheit : heilecheit 15, 219.

Ebenso verwendet er tuom und rîch, doch sind dafür nur einige Beispiele anzuführen:

magtuom : christentuom 9, 115. siechtuom : kristentuom 46, 569. himelrîch : ertrîch 23, 121. 50, 49.

Anderer rührender Reime, sowol gesetzlicher als ungesetzlicher, ist ebenfalls eine Unzahl; ich begnüge mich, deren nur den geringeren Theil herzusetzen.

al mitalle : alle 6, 91. alle : mit alle 86, 247. : al mitalle 6, 39. alter (senectus) : alter (altare) 6, 7. alter (altare) : alter (senex) 15, 203. habe (proprietas) : habe (habeas) 56, 39. habe (habeat) : habe (proprietas) 91, 67. namen : vernâmen 7, 69. êwarten : bewarten 18, 203. langen : belangen 34, 95. wâren : wâren 95, 107. ze hant : bî der hant 3, 223. hant : zehant 7, 51. 8, 91. 27, 61. 49, 27. walt : gewalt 78, 15. gewant : want 39, 329. hochvart : vart 69, 257. wart : bewart 13, 727. 19, 194. 29, 27. 69, 298. u. s. w.; noch häufiger ist wart : bewarte 27, 325. 39, 387. 41, 223 u. s. w. für wâr : gewar 15, 21. hân : hân 13, 247. stat : stat 9, 255. ettewaz : waz 83, 631.

vergiht : giht 7, 261. sit : sit 16, 41. sîst : sîst 23, 57. sîn : sîn 71, 21. : sîn 22, 39. în : în 16, 205. hin : hin 71, 145. bî : bî 85, 99. begie : gie 16, 229. : ergie 16, 191. vervie : vie 3, 121. hie : hie 15, 95. geurteilt : verteilt 46, 435.

ende : ende 15, 155. werde (fiat) : werde (digna) 3, 219. 78, 205. gesehen : sehen 7, 231. wërt : gewert 12, 145. gewert wërt 8, 317. 90, 113. berc : berc 74, 11.

Die drei: hër : her : hêr sind am häufigsten aufeinander gereimt.

erhôrt : hort 23, 685. 88, 851. gehôrt : hort 42, 269. 69, 1, hôrte : hort 51, 87. erhôrte : horte 18, 123. 51, 69. hort : gehôrt 54, 5.
sluoc : sluoc 40, 299. leit (dolor) : leit (tolerabat) 24, 183.

Seltener sind die erweiterten Reime, es werden einige Fälle genügen:
unmaht : uncraft 13, 491. hellehunt : hellegrunt 57, 97. gefrâgte : gesagte 74, 131. gegërt : gewert 23, 681. 54, 95 88, 857. 96, 319.

E. Mehrfache Reime.

Vierfache Reime kommen beinahe in allen Legenden öfter vor, in einigen auch sechsfache; es werden auch hier wieder einige Fälle hinreichen, und zwar solche, die für den Reimer charakteristische Gewohnheiten auf's neue darlegen.

1. Pictaviam : vernam : kam : zusam 141. — 2. wërt : gërte : gewert : kêrt 11. — 4. dan : lîchnam : dan : man 215. — 7. seite : wârheit : wârheit : seite 347. — 9. geseit : rîcheit : reit : jeite (= jagete) 329. — 11. rîcheit : êwicheit : bereit : wârheit 71. — bringen : hinnen : sinnen : innen 269. — 18. erslân : betrân : gewan : bekam 51. — 23. leben : geben : geben : leben 125. — 39. ich : mich : sich : eislîch 243. dich : mich : himelrîch : eislîch 279. wêrt : gelêrt : entwert : gërte 465. — 46. gelegen : leben : geben : wegen 619. — 47. dingen : bringen : singen : ringen 147. — 52. lieht : niht : niht : lieht 119. — 60. vergeben : leben : ergeben : phlegen 89. — 74. rât : stat : erstât : rât 143.

Aus dieser Uebersicht der Reime geht hervor, dass der Dichter auf keinen Fall ein Alemanne gewesen ist, eben so wenig kann er einem rein mitteldeutschen Sprachgebiete angehört haben. Gegen seine bairische Abkunft sprechen ebenso entschiedene Gründe, somit bleibt nur noch Schwaben übrig, das für ihn in Anspruch genommen werden kann, und in den niederschwäbisch-fränkischen Gegenden wird er seine Heimat gehabt haben. Für diese Heimat lassen sich auch Zeugnisse aus dem Werke selbst beibringen, bevor ich aber dieselben ausziehe, mögen die zwei pgmt. Blätter der Hs., Suppl. 2716, der k. k. Hofbibliothek seine Sprache und Kunst in einer zusammenhängenden Probe darlegen. Ich gebe dieselben genau nach der Hs., nur die Abkürzungen bis auf vñ wurden aufgelöst, die Längen bezeichnet und die nothwendigsten Interpunctionen angebracht.

Cod. Suppl. 2716 Bibliothecae Caesareae Pal. Vindobonensis.

Fol. 1ᵃ Sô daz si sîn niht enfunden.
Si chêrten wider an den stunden
Vñ seiten dem kvnick sô
Daz si sein niht funden dô.
5. Daz was dem kv̆nigemach.
Des andern nahtes ez geschach,
Daz der kvnig eine was
Vñ was verspart in sînem palas,
Vñ vil gar unverwânt
10. Got sînen diner zv im sant
Durch verspart tuer hin în.
Bartholomeus sprach zv im:
‚Zweu sandest dv mir dîn gabe?
Ich ger niht dîner habe.
15. Mîn wille ist vñ mîn ger
Daz ich di livte ze got bechêr,
Di der tvuel hât gevangen
Vñ si hât in uesten banden,
Vñ nâh im hât gezogen
20. Vñ mit den abgoten betrogen.
Ouz dem abgot chumt er niht,
Swer in dâ hôret vñ niht sieht
Der wênt got sî dar inne.
Sus betrieget er der heiden sinne.

---

5. ? daz was dem kunege niht gemach.

25. Der tyuel selb můz immer brinnen.
Niman mag an im gelingen,
Di livt zevht er wan mit im
Dâ si mit iâmer mvezzen sîn.
Des solt dv dich vber heben.
30. Dv solt nâch Jesu Christo leben
Der mensch ist in der gotheit.
Den gebár ein reine meit
Vñ wart geborn vns ze trôst
Daz er vns von dem tyuel lôst
1ᵇ 35. Der vns alle hât gevangen
Vñ het di werlt in sînen banden
Von unsern vater Adam.
Wan er was der êrste man
Von dem erbt ovf vns der val
40. Daz di werlt muest ze tal
Vallen in des tyuels bant.
Daz hât Jhesus Christus gewant
Mit vil maniger herter nôt
Vñ leit gedultichlîch den tôt
45. Dâ mit er vber cham
Den tyeuel vñ dem nam
Die er ze vnreht het gevangen,
Vñ fůrt di mit im dannen
Mit vrŏvde in daz himilrîch.
50. Daz sach manich mensch vñ ich.
Dâ sitzet er mit gewalt.
Sîn craft ist manichvalt
Ellev dinck sint im erchant
Himel vñ erd in sîner hant
55. Stât vñ das abgrůnde,
Vñ di hellehvnde
Di mugen gein im niht:
Di sint der heiden zvversiht.
Swer an di abgot geloubet
60. Der himilischen gnaden er wirt beroubet
Swer awer geloubet ane Christ
Des sel vñ leip immer behalten ist.

   Vñ wildv wan volgen mir
   Des himilrîches hilf ich dir'·
65. Sus mit ler rein vñ guet
   Bechêrt er des kvniges mvet.
   An dem andern tag dar nâch
   Ein tÿuel v́ß einem menschen sprach:
1°   ‚Ir sult mir niht ophern mê
70. Daz iv iht gescheh sam wê
   Als mir ist geschehen.
 . Wan ich des muez iehen
   Mich habent sîn engel gebunden
   Den die iuden vor langen stunden
75. Ertôttet gar ône reht.
   Al hie ist sîn kneht,
   Der an mich mit sîner hant
   Hât geleit vil swinde bant
   Dâ von pit ich iv vil v́er
80. Daz ir pit den gehv́er
   Daz er mich mit minne
   Varn lazze von hinne
   In ein ander gegent doch
   Di leiht vnbechêrt ist noch.'
85. Dô der kv́nich di wâr heit vant,
   Er gebôt alzehant
   Seil legen an daz abgot,
   Vñ wi v́er er gebôt
   Daz man ez wrfe in den mist
90. Vñ gelouten (sic) an Jesum Christ!
   Man laeit saeil dar an
   Vñ zôch manich man
   Daz ab got nider
   Der tÿvel hab ez wider.
95. Nimant chunt ez nider bringen
   Mit deheiner leie dingen.
   Dô daz Bartholome sach
   Zv dem kv́nige er dô sprach:
   ‚Seit ich gewalt vber in hab
100. Sô tuet di seil elliv ab.'

Daz wart alse báld getân,
Zv dem tyuel sprach der hêlige man:
1ᵈ ‚Vil reht dv dich bedenche.
Wildv daz ich dich iht versenche
105. In daz abgrunde der helle
Zv Lucifer dînem geselle?
V̂z dem abgot var
Vn̄ zebrich ez gar.'
Der tiᵗel von danne chârt,
110. Daz abgot gar zv aschen wart.
Dô daz alsô was geschehen,
Di livet begunden alle iehen:
‚Ez ist di wâre gotheit
Dâ Bartholomê von seit.'
115. Bartholomeus an der stunde
Bat got von herzen grunde,
Vil tûer er zv himel sach
Vn̄ mit andâth (sic) er sprach:
‚Got Ysaac vn̄ Jacob
120. Got Abraham ich dich lob
Vn̄ bit dich durch dîn gůte
Daz du der levte gemv̊te
Wendest, hêrre, nâch dir,
Vn̄ daz si gelouben mir.
125. Zeig in dîner gv̊te teil,
Mache si an der sêle heil,
Sît daz dv daz wol getven mach (sic)
Wanne dv craft hâst vn̄ maht,
Want dv reihsnest immer,
130. Dîn gewalt zergât nimmer,
In dem himel vn̄ v̂f der erde
Bistu got der werde.'
Di levᵗ sprâchen amen.
Ze gesihte disen vn̄ den
135. Chom ein engel êrlîch
An sînem scheyn der sunne gelîch
Vetich als ein vogel het er . . .

* * *

Fol. 2ᵃ   Het ertôttet âne schulde
Dâ von er den schaden dulde.
140. Dar nâch bî cheysers Julyans zît,
Der grôzzen haz vn̄ nît
Truch der armen christenheit,
Wan er in tet manich leit
Wan er was gote gram:
145. Der sand in Sebastenam
Sîn bôze heiden
Den cristen ze leide,
Vnd schuef mit in der vnrein
Daz si sand Johās gebein
150. Vz dem grabe naemen gar
Vn̄ zestrôutens her vn̄ dar
Vz (sic) daz velt hin vn̄ her
Daz man ez iht anbette mêr.
Daz straeun niht engalt.
155. Iz chomen dar lйte manichvalt
Zv dem grab mit andâcht
Maniger dar sîn opfer brâht.
Daz wart dem keyser geseit
Daz waz was (sic) im zorn vn̄ leit.
160. Er hiez daz grab zefûren gar
Vn̄ swô daz gebein was hin vn̄ dar
Zestroeut manigen ende,
Hiez er zesamen bringen âne wende
Vnd daz man ez ze puluer prant.
165. Dô daz den cristen wart erchant,
Di dâ wâren durch gebet,
Si giengen dar an der stet
Vn̄ samten tougen daz gebeine
Beide grôz vn̄ cleine
170. Wan ez ein wint waet zesamen
Vor in . Daz gebein si dô nâmen

2ᵇ   Vn̄ eilten dâ mit gein Jerusalem.
Dâ wart vrôude disen vn̄ dem
Der bischof selbe gein im (sic) gie
175. Mit grôzzer andâcht er ez enpfie

Als ez wol zam sant Johan.
Von danne sand er ez dan
Dem babest ze Rôm,
Vñ dô ez zv dem chom
180. Den douht ez ein reiner solt.
Er nam ez fůr silber vñ golt,
Er begund sînen vleiz dar nâh chêren
Wi er ez wol bestait nâh êren.
In dem mŭnster daz noh stêt
185. Dâ er vil zeichen inne begeit.
Nv wâren zwên mŭnich ze Jerusalem
Den troumt beiden disem vñ dem
Vnd chom ze wis sihtichlîche
Wâ daz houpt was sêlden rîche,
190. Daz zeigten si der pfafheit dô,
Di wart sîn gar von herzen vrô
Vñ giengen dar mit andâht.
Daz houpt ze Jerusalem wart brâht.
Sus chom daz rein geborn wider
195. Des manig sieh genôz sider
Wan sô vil zeichen pflach
Di niman vol schrîben mach
Vñ noch taegelîch begêt
Sîn maht in got nâh vrôuden stêt.
200. Vnd ist daz wol billîch.
Er hât in himilrîch
Gewalt . wi er si chomen
Vf erd, daz habt ir wol vernomen,
Daz in vor manigen tagen
205. Vor chŭnten di wissagen
Gelîcher weis sam Ihesum Crist
Vnd dar zv nâch sîner frist
Chŭnt in der engel hêr
Sîn geburt ouf erd her.
210. Johan der v̂z erchorn
Was heilick ê er wurd geborn.
Er begie dehein dehein (sic) svnde nie
Sô grôz was sîn heilicheit hie

   Daz er leuf in den walt
215. Do er waz fůmef iar alt
   Niwan daz er iht hôrt
   Ihtes daz zv der werld gehôrt.
   Er was got nůtz vn̄ vrům
   Er hueb von êrt (sic. l. êrst) den christentum
220. An der touffe di wir tragen
   Di wart êrst von im erhaben,
   Der wart dar nâch got volleist
   Vn̄ bestêtigtes mit sînem geist,
   Als er zv Nichodemo sprach
225. Der in eines nahtes sach
   Vn̄ vrâgt in von dem himilrîch
   Dem seit er daz wêrlîch,
   Er můste zwô touff enpfân
   Swer das himilrîch wolde hân
230. Mit dem wazzer mit dem geist
   Den man den kinden aller meist
   Blest in der toůffe in.
   Dâ mit chumt vns der geist sîn
   Der vns zv dem himilrîch lât
235. Vnd vns dâ mit bestêtigt hât,
   Wan der priester stêt an gotes stat
   Der im den gewalt verlihen hât.
   Des sint der touff sunder wân
   Zwô als ich ê gesprochen hân
2ᵈ 240. Johannis div êrst
   Dar nâch Jhesu div hêrst.
   Nv was sol ich sprechen mê
   Sît von Johan vnser ê
   Erlîch sich hât erhaben
245. Vnd wir di halb von im tragen
   Sô ist sô ist (sic) grôz sîn hêlîcheit
   Daz er ist halp . . . . . icheit
   Er ist ein schv̊l aller zvht
   Wan sîn reine vruht
250. Vbergab di zvht nie.
   Swaz im werlde nâh gie

Di weiste di gottes stimme.
Aller chaeusch was er ein gimme,
Er was ûf erd der êrste degen
255. Der sich durch got het verwegen.
Alles ezzens was er vrey
Er az niht dâ bey
Wan wildez honick wurtz vñ chrovt.
Johannes der gottes trout
260. Was aller tvgent ein bernder stam.
War ich gelîchen mŭg sîn scham
Daz ist mir vil vnchunt,
An im lag aller sêlden funt.
Ich hôr di buech von im sagen
265. Drîer heiligen wird in haben
Vor got vor sînem trôn:
Er ist aller martrer chrôn
Vñ ist ein einsidel rein
Hôher einsidel wart nie dehein
270. Er chom ŷz dem walde nie
Sît er maht gegên ie.
Ouch hôher wissag. sît noch ê
Wart noch wirt nimmer mê.

* * *

Diese 273 Verse reichen vollkommen zu, um zu erweisen, dass diese beiden Legenden vom Apostel Bartholomaeus und von Johannes dem Täufer in das Buch der Märterer gehören, und vom Schreiber in C oder von dem seiner Vorlage waren ausgelassen worden.

unverwânt : sant 9.   nâch : sprach 67.   kârt : wart 109.   zesamen : nâmen 170.
în : im 11.   im : sîn 27.   Adâm : man 37.   vrum : christentuom 218.
gër : bekêr 15.   hër : mêr 152.   hêr : hër 208.   himelrîch : ich 49.
gevangen : banden 17. 35.   : dannen 47.   brinnen : gelingen 25.
sagen : haben 264.   tragen : erhaben 220.   erhaben : tragen 244.

Zwei Reimpaare: lât : hât : stat : hât 234. und wahrscheinlich
sind auch die Reime inne : sinne : brinnen : gelingen 23. so
gemeint.

maht : maht 127.   andâht : brâhte 156.   brante : erkant 164.

III.

Der Dichter.

Schon C. Weinhold hat in den ‚Mittheilungen des
historischen Vereins für Steiermark. Gräz 1859.' S. 55 ff. über
das Doppelblatt aus dem Murauer Archive oder die Bruch-
stücke von 23 (Eustachius) und 25 (Petrus exorcista) bemerkt:
‚Der Dichter muss ein Schwabe gewesen sein und im 14. Jahr-
hundert gelebt haben. Die Handschrift ist nicht viel später
geschrieben als gedichtet. Kenner werden die Richtigkeit
meiner Bemerkung aus folgenden Reimen ersehen.' Er gibt
sodann einige der Reime des Dichters.

Diese Ansicht Weinhold's, der nicht wusste, wohin
das von ihm bekannt gemachte Doppelblatt gehöre, wird durch
die im Abschnitt II. vorgelegte Reimkunst vollauf bestätigt
und näher dahin bestimmt, dass der Dichter kein Oberschwabe,
sondern in den niederschwäbisch-fränkischen Gegenden zu
Hause war. Daran hat auch K. Gödeke gedacht, als er die
Gräfin von Rosenberg, in deren Auftrag das umfangreiche
Werk gearbeitet wurde, für das reichsfreie und uralte Geschlecht
derer von Rosenberg in Schwaben und Franken in Anspruch
nam, das 1632 ausgestorben ist [1].

Aus dem Inhalte des Buchs lässt sich ebenfalls dasselbe
zeigen. Der Dichter kennt keinen einzigen in den bairisch-
österreichischen Landen besonders verehrten Heiligen, am aller-
wenigsten einen der eingebornen oder nationalen, wie den
h. Ruprecht, den h. Wolfgang und andere. Die Kloster-Neu-
burger ist dafür ein um so besserer Zeuge, als sie in Kloster-
Neuburg von einem Angehörigen des Stiftes selbst geschrieben

---

[1] Struve, Archiv, P I. p. 248. Das Geschlecht war vorzüglich an der
Tauber begütert und in vielfache Fehden mit den Bischöfen von Würz-
burg verwickelt.

wurde. Derselbe hat zwar mehr als eine Legende ausgelassen, die er doch im Register vorne verzeichnete, würde das aber bei einem einheimischen Heiligen der Donaulande schwerlich gethan haben, wenn er ihn darinnen gefunden hätte.

Dagegen finden sich der besonders am Rhein verehrten Heiligen eine grosse Zahl, deren Legenden kaum von einem oder dem andern Reimer zum Gegenstand seiner Kunst oder Unkunst gemacht wurde:

    1. Hilarius. 8. Blasius. 29. Albanus. 34. Bonifacius. 37. Kilian. 40. Apollinaris. 52. Afra. 66. Verena. 72. Mauricius. 78. Columbanus. 81. Gereon.

Das sind also lauter längs des Rheinstroms wohlbekannte und vielverehrte Heilige. Die übrigen sonst vom Dichter behandelten Legenden betreffen entweder allgemeine christliche Feste, wie die Frauen- und Kreuztage, die Apostel und Evangelisten, oder es sind geradezu nur römische, wälsche Sancti proprii.

Die oben ausgehobenen Legenden geben dem Verfasser Gelegenheit, seine Bekanntschaft mit den rheinischen Landen zu verrathen.

Theonestus selber kêrt	über swaebisch alben wert 29, 107.
und wîht in ze bischofe sâ	hinze Mênze bî dem Rîne dâ 34, 123.
ein stat Augspurc ist genant	diu hiute lît in Swâben lant 52, 1.
bî dem wazzer wol erkant	daz der Lech ist genant 52, 353.
und brâht sîn clôster schône für	daz ez hiute stât in hôher kür
wan ez über alliu diutsch lant	ist wert unde wol erkant 78, 253.

sagt er von San-Gallen.

Merkwürdig ist die Stelle, wo er die Alpen noch als schwäbisch bezeichnet, wie 29, 107 und dann ein zweites Mal

    zu der Swâben alben wert 52, 271.

Er hat also zu einer Zeit gelebt, als die alemannischen Lande im Hochgebirge noch zum Herzogthum Schwaben gehörten, und die spätere wüthende Feindschaft zwischen den

Schwaben und den Schweizern noch nicht vorhanden war,
d. h. im zweiten, dritten Jahrzehend des XIV. Jahrhunderts.
Für diese Zeit spricht auch eine andere merkwürdige
Stelle. Der Reimer, ein strenger Anhänger Roms, äussert sich
öfter gegen die Ketzer. In der Legende vom h. Polycarpus
sagt er über dessen Flucht und Verborgenheit und betont
zugleich seine römische Gesinnung:

> Wan swâ bî den jâren   die christen wâren
> die muosten sich verheln alle,   als nun die ketzer al
>   mitalle
> sich müezen heln vor den christen,   die ir leben wellent
>   fristen.
> dô von den grôzen sorgen   die christen muosten sîn
>   verborgen,
> hin ze Rôme wart erkant   der geloube dar nâch diu
>   lant
> sich nâch Rôme rihten   und sich nâch gote slihten
>   6, 36—47.

Er lebte also in einer Zeit, wo die Ketzerei und die
römische Rechtgläubigkeit mitsammen in hartem Streit lagen,
was für die schwäbisch-fränkischen Lande besonders im dritten
und vierten Jahrzehende des XIV. Jahrhunderts der Fall war.

So erzählt L. Friese (ed. J. P. Ludewig, Frankfurt
1713) S. 626 von einem Conrad Hager zu Würzburg, der
seines Standes ein Laie, aber sonst der Schrift nicht gar ungelehrt, sich gegen alles Messfrohnen, Seelgeräthe u. s. w. erklärte, es sei ‚lauter grempeley und pfaffengeil‘, und andere
solche Irrlehren vortrug; er ward gezwungen zu widerrufen am
vierten Tage des Hornungs anno 1342.

Am 15. Julii anno 1342 musste der Priester Johann
Küchner zu Würzburg widerrufen, der unter andern Irrlehren auch behauptet hatte, dass die Päpste und Bischöfe
ihres Amtes halben nicht grösser oder mehr wären denn
andere Priester. Ja, in richtiger Folgerung aus diesen Lehren
hatten am 16. Juli 1338 die deutschen Fürsten den Kaiser
Ludwig auf dem Tage von Rense vom päpstlichen Banne
losgezählt und der geistlichen Macht alles und jedes Recht in
weltlichen Dingen feierlich abgesprochen.

Gegen diese und ähnliche Ketzer scheint die Stelle in der Legende des Apostels Matthäus gemünzt, die der Verfasser ganz gegen seine Gewohnheit mit einer Einleitung versehen hat.

Got unser herre Jesus Christ   wann er der sînen zaller frist
mit vollen genâden phliget   und in in allen noeten wiget
und gert nur der liute heil,   daz si ein reinez (? rîchez) erbeteil
nâch disem leben besaezen   wann si niht sîn vergaezen
als er ir vergizzet niht: sô ein mensche begêt iht
daz möhte im leider niht gesîn,   dem tuot er wol gelîchen schîn.
die sünde er lange vertreit   und swenn der mensche sich becleit,
er vergît im sunder wân   swie vil er übels habe getân.
dâ von muge wir wizzen daz   daz er uns des gan baz,
daz wir besitzen daz himelrîche   denne daz wir êweclîche
mit dem tiufel verdamnet sîn,   und hât gegeben uns solhen sin
daz wir verstên übel unde guot.   den nun verleit sîn tumber muot
daz er zuo der helle kêrt   von dem himelrîche wert:
dâ ist got unschuldec an,   er hât uns bêde ûf getân.
ze sinne hât er uns gegeben   die schrift nâch der wir schullen leben
und vil guote lêraere   die pfaffen vil gewaere,
die uns kündent alle tage   den rehten wec mit ir sage.
hie schrift hie sin hie pfafheit   und dâ bî gotes barmherzecheit!
daz hât maniger für ein spil   der in hie niht volgen wil,
im kumt diu wîle und diu zît   daz er gerne âne widerstrît
volget der ims gunde.   sô ist zergân die stunde,
wann er dâ muoz immer sîn   dâ er von hinne wirbet hin,
wann ez von got ist sô betagt.   wol im der sich hie beclagt!
dem hilfet gerne got dar zuo,   wann er ladet spâte und fruo

diu liute ze himelrîche.   dem tête er wol gelîche
als er in der môren lant   den reinen Mattheum sant — —
                       1, 1—52.

Nach der Ansicht des Dichters stehen also Schrift, Sinn und Pfaffheit sammt Gottes Barmherzigkeit beisammen in einem Heerhaufen, während die Ketzer gerade jener Jahre und in jenen Gegenden zwischen Schrift, Sinn und Pfaffheit gar keinen Verband mehr sahen.

Daraus erklärt sich auch sein Unwille über die wissenschaftliche Bildung der untern Stände; er äussert ihn bei Gelegenheit, als der h. Pantaleon in der Arzeneikunst unterrichtet wird:

Er hiez lêren von erznîe   daz ê lernte wann der frîe
der künec der fürste der edel man.   nu habent si die
                       hêrren lân
und ist diu selbe kunst gesigen   und in die gemeine
                       gedigen 42, 21—26.

Diese echt römische und sehr volksfeindliche Ansicht hindert ihn natürlich nicht, auch den Fürsten eins zu versetzen und sich auf den Anwalt der Armen und Bedrängten hinaus zu spielen. Er überlässt die Fürsten dem Teufel; ob in Erinnerung an den Tag von Rense?

Ez ist nu niht sô gestalt.   clagt einer ze hofe sîniu leit,
ez wirt unsanfte im underseit;   er wirt dar umbe sêr
                       zerslagen
daz er ez gerne maht vertragen.   si habent gên got
                       vorhte keine,
sô furcht si auch got vil cleine.   er laet si hie bî ir
                       tagen
ein irdisch himelrîche haben,   mêr genâden wirt in niht.
si habent zu gote kein zuoversiht,   wann er sich ir hât
                       verwegen.
von rehte schol er ir phlegen   dem sie sich bî ir
                       leben
mit willekür hânt ergeben.   seht, ob daz vor got sî
                       eben!
hât einer in niht gegeben   sô daz ez in wol behaget,

swaz diser dan noch geclaget er ziuht sich dar zuo
und laet in weinen spâte und fruo, und swaz dem armen
           nu geschiht
des ahtet kein fürste niht, wirt im nur des armen guot
sô ist sîn gerihte fruot — — 50, 24—48.

Aus seiner streng römischen Gesinnung erklärt sich auch der Ausfall gegen die Augustiner Chorherren, 60, 163 ff., die er zwar nicht wegen Ketzerei antastet, aber wohl darum, dass sie die Regel des h. Augustin nicht streng befolgen[1]. Aus dieser nämlichen Gesinnung ist es auch zu erklären, warum von den gerade damals am meisten verehrten Heiligen kein einziger in seinem Werke erscheint, weder der h. Franciscus noch der h. Dominicus oder sonst einer; natürlich, sie waren Stifter von Orden, die in einem nicht mehr versteckten Kampfe gegen Rom auf Seite Ludwigs von Baiern standen; sie waren Stifter von Orden, die zuerst den Anstoss gegeben hatten, dass die Laien zwischen Schrift, Sinn und Pfaffheit keinen Verband mehr sahen.

Wie tief steht dieser Reimer unter dem Dichter des Passionals, der die Arbeit seines Lebens daran setzte, seines Buches ‚ein rehter tolke ze diutschem volke‘ zu sein. Aber das wolverdiente Schicksal hat ihn auch ereilt. Sein Werk wird wol nur als Sprachdenkmal gedruckt werden, während der Dichter des Passionals jeden Leser zur Bewunderung hinreisst und immer bezaubern wird: auch solche, die seinen Stoffen auf das feindlichste gegenüber stehen.

Von dem Reichthum der Empfindungen, Gedanken und Anschauungen des Passionaldichters hat der Reimer auch nicht ein Atom. Begreiflich genug! Wer sich fürchtet in Ketzerei zu verfallen, der muss alles Denken und Empfinden aufgeben; denn wer denkt und empfindet, kann gar nicht umhin, in Ketzerei zu verfallen, da nothwendig jeder nach seinen Gaben bestimmte Lehren und Anschauungen auffasst. Das Ideal der Orthodoxie ist eigentlich nur von Maschinen zu leisten, und

---

[1] Ob ihm wirklich ihr Leben so anstössig war? Waren es vielmehr die Ansichten des h. Augustin, die der nach ihm genannte Orden sowol der Chorherren als der Barfüsser mit Vorliebe hegte, und den rechtgläubigen Dichter wider sich aufreizte?

sogar damit soll Kaiser Karl V. eine nicht sehr erbauliche Erfahrung gemacht haben.

Der Dichter des Passionals und der Reimer des Buchs der Märterer haben eine und dieselbe Quelle vor sich gehabt, nämlich des Jacobus a Voragine Legenda aurea. Während aber der Dichter des Passionals das Buch nur als eine Sammlung von Stoff ansah, aus welchem er mit künstlerischem Sinn und Geschick Mären bildete, durchhaucht von der Fülle seiner Gedanken und Empfindungen, hielt sich der Reimer streng an seine Vorlage, die er auch nicht um ein Tüpfelchen zu bereichern oder gar durch Gedanken und Empfindungen erst zum Leben zu erwecken versucht hat. Ja, die Aurea legenda muss ihm eigentlich, trotzdem er sich genau an dieselbe hält, betreffs ihrer kirchenkalendarischen Ordnung noch viel zu geistreich gewesen sein. Er gibt nur die Thatsachen. Ich will bloss ein paar Beispiele anführen, die zugleich zeigen, mit welcher Unwissenheit der Reimer geschmückt war.

18. De s. crucis inventione.　　Jacobus ed. Graesse p. 305.

Nach gottes marter zwayhundert jar	Istud lignum crucis pretiosum per annos CC et ultra sub terra latuit . . In tempore illo congregata est iuxta Danubium fluvium multitudo innumerabilis barbarorum . . . Quod ubi Constantinus Imperator comperit, castra movit et contra Danubium se cum suo exercitu collocavit ad barbarorum crescente multitudine.
Und dreizzikch für war	
Fuern dye Ungern mit gewalt	
Mit einem her ungezalt	
Pey der Tunaw auf römisch reich	
Constantinus der tugentleich	
Was Chaisser pey den zeitten	
Der besammet sich auch weiten	
Er gewan ein her grozz und stark	
Doch ez geyn disem nicht enwakch	
Si hetten dreyzzigkan einen man	

Er kennt an der Donau also keine andern barbarischen Völker als die Ungern und zwar schon 230 Jahre nach Gottes Marter. Um ihn zu entschuldigen, darf man sich nicht auf die

Stelle des Jacobus berufen: der sagt nur, das h. Kreuzholz sei
durch mehr als zweihundert Jahre unter der Erde verborgen
gewesen, nämlich bis es der Jude auffand; der Reimer hat ihn
missverstanden und hat die Zeitbestimmung auf die Ungern
bezogen. Darnach scheint er auch nicht einmal gewusst zu
haben, wann Constantinus, natürlich der erste getaufte, regiert hat!

74. De s. Michaele archangelo.   Jacobus ed. Graesse p. 642.

In Walchen leit ein stat erchant	. . . In Apulia namque est qui-
Sepons ist die selb genant	dam mons nomine Garganus
Dar inne was ein reicher mann	juxta civitatem, quae dicitur
Garganus was sein nam	Sypontus . . in praedicta urbe
Nun leit ein perkch pey der stat	Syponto erat vir quidam no- mine Garganus, qui secundum
Der den namen genumen hat	quosdam libros a monte illo
Und haizzet nach Garganus	nomen acceperat vel a quo
Von geschicht ergie ez sus	mons ille nomen acceperat qui
Wann dem selben reichen mann	ovium et boum infinita multi-
Ein stier war irr gegan	tudine pollebat. Cum autem
Die verlust müet in sere	circa praedicti montis latera
Er sucht hin er sucht here	pascerentur, contigit, quemdam
Wo er west seinen perkch	taurum alios relinquere et ver-
Nun gie der mann an den perkch	ticem montis conscendere. Cum
Und do er auf die hoche cham	domum aliis redeuntibus non
Und des rindes war nam	rediisset, collecta dominus mul-
Vil schir cham er dar	titudine famulorum per devia
Da er des rindes wart gewar	quaeque requirens ipsum tan-
Daz stund dort vor einem hol.	dem in vertice montis juxta ostium cuiusdam speluncae in- venit.

Jacobus a Voragine erzählt nicht nur besser, sondern
auch anschaulicher als dieser Dichter, der wirklich nur summa-
rische Auszüge zu machen versteht. Dass er die kleinen
Wundergeschichten, die im Passional zu den anmuthigsten
gehören, ganz zur Seite geschoben hat, begreift sich vollkommen.

Fassen wir also die Ergebnisse zusammen, so lauten sie:
Ein streng römisch Gesinnter hat in den Jahren 1320—1340
einen grossen Theil des Jacobus a Voragine auf Begehr

einer Gräfin von Rosenberg in den niederschwäbisch-fränkischen Gegenden summarisch in deutsche Reime umgesetzt, und sein Werk als Buch der Märterer bezeichnet.

Er kann nicht später geschrieben haben, da die Kloster-Neuburger Hs. vom Jahre 1350 ist und bereits ziemlich willkürlich mit dem Werke umspringt; eher möchte er noch etwas früher als 1320 begonnen haben, wenn das Werk in bewusster Absicht dem Passional entgegen gesetzt wurde. Ketzerisch genug ist für jeden strengen Anhänger Roms das Passional gewesen [1], und wie sehr der Dichter desselben angefeindet wurde und sich absichtlich verborgen hielt, wissen wir durch seine eigenen bestimmten und klaren Aussagen. Rasch und weit muss es sich verbreitet haben, wie schon aus der grossen Zahl von Handschriften hervorgeht, die wir noch vollständig, oder in Trümmern besitzen, und die zumeist in dem Anfang des XIV. Jahrhunderts geschrieben wurden. Zudem thaten sich damals in allen deutschen Landen so viele geistliche Dichter auf mit mehr oder minder häretischen Ansichten oder, wenn man will, mystischen, dass es angezeigt war, diesen ‚schlechten‘ Dichtern einen ‚guten‘ entgegen zu stellen in dem Buche der Märterer.

IV.

Die Marienklage.

Ob man viel mit unserem ‚guten Dichter‘ erreicht hat? Es scheint nicht, denn die stumpfsinnige Weise des Mannes gereichte schon den Zeitgenossen zum Anstoss. Ueber einige Umarbeitungen seiner Legenden werde ich ein anderes Mal des ausführlichen reden, für diessmal mag die unter Nr. 13 im Buch der Märterer enthaltene Marienklage den Beweis führen, dass man ihn frühzeitig zu verbessern suchte.

In derselben Hs. 2677 der k. k. Hofbibliothek, welche die Nummern 7, 39, 57, 66, 88 und 91 aus dem Buche der

---

[1] In dem Buch der Väter zeigt er sich als strengen ‚Lutheraner‘, nämlich Anhänger der Lehre des h. Augustin: ‚Genâde des gelouben bluot sô etlichen zierte‘ heisst es 189. 190.

Märterer enthält, ist Fol. 62ᵃ—69ᵃ ‚Vnser vrowen chlage' zu lesen, die mit den Versen anhebt:

Ich saz alain an einem tage vnd gedacht an die grozzen chlage . . .

Diese Frauenklage besteht aus 1176 Zeilen, von denen folgende mit der Klage im Buch der Märterer übereinstimmen.

V 2677	C
237. Ich gienc noch im auf meinen sporn der vor(?) mier rainer wart geporn Auch giengen vrowen mit mir da die im von galilea Gedient hete in ofte wol	113. Ich vil trawrige mutter sein Als ich mocht ich gie nach in Mit andern weiben dye im da Hetten gevolgt von Galilea Dienende allez im
276. er swaig stille als noch tuet Daz laembelein als man ez schiert alle vngedult ez verbiert Also het er gedulticheit in seinen noten di er leit Er tet nie auff seinen mvnt	139. Sein stimme wart gehort nie Als ein lamp das schray vnd erpirt So man im dye woll abschirt So gab er chain stimme der stunt Und tet nie auf seinen munt
353. O zartez chint vil minnichleich wer hilfet mier daz ich fur dich An dem chreutz ersterbe	225. Chind liebez chind mein Wer geit mir daz ich Lieber sun sterb fur dich
369. O iesu liebez chint rein du stirbest nicht wol ein	234. Du liebes chind mein vil rain Du stirbest nicht wol ein ·

V 2677	C
417. Er stirbet nicht wol aine	270. Wann er stirbet nicht wol aine
441. Du waer mein vater vnd mein mueter du waer mein pruder iesu gueter	298. Du mein vater du mein mutter Du mein prewtigan mein sun gutter
447. Ich muez ein armer waise sein	304. Ich wird ain wais an vatter nu
453. Ich muez ein arme witibe sein	305. An meinen lieb ein wittib dar zu
460. nach dir wa schol ich cheren hin	308. Wo schol ich hin chern mich
495. Wie mocht anders erfullet sin die schrift? do von so leid ich pin	336. Und wolt ich des leidens nicht Wye wurd erfullet dye geschrift
499. Ersten vnd dir erscheinen vnd auch den iungern meinen	340. Und wil dir erscheinen Und darzu den iungern meinen
502. la zarte mueter deinev chlage	342. Da von la dein wainen sein Dein harte chlag die tu hin
508. wan ich die sel funden han Vnd mein vil lieben schaef-lein die lange irre gevarn sein	347. Wann ich wider funden han Das schefl das ich vor manigen stunden Het verloren daz ist funden
524. maria la dein wainen sein	342. Da von la dein wainen sein

V 2677	C
527. La dein weinen vber mich suezze mueter troste dich	366. Da von wain nicht mutter mein Nicht wain liebes mutterlein
533. Doch mag ich nicht vergezzen dein wand ich wil immer pei dir sein	370. Ich wil pey dir mutterlein Immer an ende sein

Die Ueberarbeitung in V 2677 ist zweifellos, nur scheint nicht C unmittelbar zu Grunde zu liegen, sondern zwischen beiden eine frühere Ueberarbeitung von C, von welcher **Hoffmann von Fallersleben** ein Bruchstück gefunden und bekannt gemacht hat. Altd. Bl. II, 200—201. ‚Pergamentblatt aus dem XIV. Jahrh., 12⁰, in meinem Besitz' bemerkt; ich will, was ich daraus nehme, mit D bezeichnen.

V 2677	D
	Ich vil svndiger man Hef in dem namen des uater vnd des svnes vñ des hailign gaistes an Daz ich do nach wolt ringen in devschev zvngen pringen Den iamer daz lait den smertzn den maria het an ierm hertzn da si ier liebz chint sach hangen zwischen zwain schachmannen
123. O we wer gibt dem houbet mein daz wazzer da von werde schein Meines hertzen pittercheit den iamer den mein hertze treit	Wer geit meinem haupt daz daz iz von wazzer werd naz Und meinen augen der zeher regen daz ich der immer muez phlegen

V 2677.   D

Wer geit meinen augen   Paidev spot vnd vrue
    zeher regen   vntz mier vnser herre chunt
ich wil nicht wann wai-   tue ..
    nes phlegen ..

Die Klage unserer Frau in V 2677 ist leise umgearbeitet in mehreren Hss. enthalten. Hoffmann druckt ein Bruchstück ab, Altd. Bl. I, 384, und bemerkt darüber: ‚Zwei Pergamentblätter in Octav aus dem XIV. Jahrh. in meinem Besitz, vermuthlich Bruchstücke des Gedichtes, das vollständig in der Heidelberger Hs. 341, Bl. 22—29 (Wilken S. 418) und in einer Hs. vom J. 1472, die Docen besass (Misc. I, 94), enthalten ist'. In Hoffmann's Blättern ist das Gedicht im Abschnitte mit drei Schlussreimen gegliedert; von solchen Abschnitten und einem dritten abschliessenden Reim weiss V 2677 nichts. Die zwei Blätter Hoffmann's umfassen die Verse 169—266 und 851—946.

Dieselbe Klage ist enthalten in V 3006. Diese Hs. lässt einzelne Reimpaare aus, schiebt andere ein und kürzt am Schlusse in folgender Weise:

    V 2677   V 3006. 128*

    Urowe maget minnichleich   O maria magit mynneclich
1109. maria aller gnaden reich   Muter aller gnaden rich
    Des paradises suzzicheit   Dez paradises suszekeit
      ein plvem aller miltic-   Eyn crone aller mildekeit
        heit
    Du pist der maget gimme   Du bist der meyde gimme
      der patriarchen stimme   Der patriarchen stymme
1115. Des hymelreiches wunne   Eyn keiserliches konne
      ein cheiserliches chvnne   Dez hymmelriches wonne
    O werde maget maria   Bistu edele maria
      suezze mueter du pia   O susze vnd o pia
    Dv rosen rot du lylien wiz   Hilff vns daz dyne clage
                             Vnse fredeschilt sie an dem
                                    jungesten tage.

Die Verse 1119—1176 fehlen in 3006 vollständig.

Benützt und umgearbeitet ist der Schluss der Frauenklage V 2677, ferner in dem Bruchstücke eines Mariengedichtes von 139 Zeilen, das Th. Jacobi, Zeitschrift III, 130—134, aus einer Hs. der rhedigerschen Bibliothek zu Breslau bekannt gemacht hat.

Die Uebereinstimmung beginnt erst gegen das Ende. Es scheint auch hier eine eigene Bearbeitung der Marienklage vorzuliegen, und entweder der Schreiber oder ein anderer hat eine Apostrophe an den Johannes evangelista eingeschoben. Nach derselben wendet er sich wieder zu seiner Vorlage:

V 2667.	B
1069. Ir swester noch iohannes guet	55. Nu sulen wir wider keren
mochten ieren swaeren muet	Und sulen och vurbat leren
Nicht getrosten aine stunt	Von der vil reiner guder
ier hertz was von quale wunt	Marien, godes muder.
Si was vntz an den dritten tac	Si was unz an den dirden dach
daz si vil grozzer chlage phlac	60. Dat si grozer clagen plach,
1075. Si nam in ier gemuet	Si nam in ir gemude
des suzzen iesus guet	Alle irs kindes gude,
Si gedaht in ier sinne	
an sein grozze minne	
Wie er ane sunde was	
1080. von ier geporn do si sein genas	
Vnd wie er von got ier was geben	Si gedahte, wi he ir was gegeven
si gedacht an sein reinez leben	Und an sin minnecliche leven
Vnd an alle sein milticheit	65. Si gedahte an sine mildecheit
vnd als vns die schrift seit.	Und an sine groze geduldecheit

1085. Was er ier gehorsam vntz
  an die zeit
 daz in verriet der iuden
  neit
 Si gedacht an alle seine
  vart
 vntz daz er gevangen
  wart
 Vnd erhangen als ein diep
1090. wie er ir het grozze
  liep
 Erpoten manic iar vnd
  tac
 vnd mit was trewen er
  ir plac
 Si gedacht an alle not
 die er leit vnz an den
  tot
1095. Da von mochte si nicht
  haben
 trostes wand er was
  begraben
 An dem ir hertzen vreude
  lac
 daz leit si vntz an den
  dritten tac
 In iaemerlicher vnge-
  habe
1100. vntz er erstunt von dem
  grabe

—   —   —   —

 Urowe maget minnich-
  leich
1110. maria aller gnaden
  reich

 Wie milde he und ouch
  wi gut.
 Si nam vur sich sine de-
  mut,
 Wi he van ir got (l. wart)
  geborn.
70. Si enhorde van ime nie
  engeinen zorn

 Si gedahte an manege suze
  lif,[1]
 Dat he der werlde hadde
  gedan,
 Si enmohte ir weinen nit
  verlan,
 Wi he dar umbe wart
  verspit
75. Und der armer iuden nit
 In verrit unz an den dot
 Daraf was si in grozer not,
 Si sach ir kint vur ir be-
  graven,
 Si mohte luzil trostes
  haven,
80. Bis dat si gar gevrowet
  wart,
 Do ir kint edel und zart
 Mit wunne erstunt van
  deme grave,
 Do hadde ein ende ir
  ungehave.

 O vrowe maget! o minnec-
  lich!
85. O muder aller gnaden!

---

[1] Der Herausgeber bemerkt: ‚vor oder nach 71 fehlt ein Vers'.

Des paradises suzzicheit ein pluem aller miltic- heit Du pist der maget gimme der patriarchen stimme 1115. Des hymelreiches wunne ein cheiserlichez chvn- ne O werde maget maria suezze mueter du pia Dv rosen rot du lylien wiz 1120. du zite lose vreuden priz O margensterne o svnne chlar du minnechleiher ade- lar Du tuerteltaube lobelich du liechter man wun- nenchlich 1125. Der engel vrevd maget gut der svndaer trost du gnaden vlvt Dv grvnez ris du viol var du pist die gotes chint gepar — — — — — — 1145. Gedenkche auch an die quale dein vnd tue vns deiner gna- den schrein — — — — — —	Des paradises suzecheit, Ein burne aller mildec- heit, Du bist der megede gimme, Ein engelische stimme, 90. Des himmelriches wunne, Ein keiserliches kunne, Selich, selich, suze, pia, Reine, milde, o maria! O rose rot! o lilie wiz 95. O blume schone! o vrowe pris! O morgensterne! o sunne clar! O schoner maene! o ade- lar! O tordeldube! o godes tron! Der engel vrode, der selen lon, 100. Des svnders trost van gnaden gut Der werelte licht, der wun- nen vlut! O werde maget van fiol vat (l. var) Du bist die gotes kint gebar. Du mir up der gnaden schrin,[1] 105. Der du vrowe nun bist vol — — — — — —

---

[1] Der Herausgeber bemerkt: ‚vor oder nach 104 scheint ein Vers zu fehlen'.

1149. Hilf vns auz aller not
 vertreip von vns der
  sele tot
 Vnser not ist dier erchant
 du hilf vns von der
  sunden pant
 Gedenkch an dein mil-
  ticheit
 die aller tugent chron
  treit

— — — — —

 Mache ier ende vrowe
  guet
 daz ier sel sei behuet
1165. Von der helle panden
 du hilf in von den
  schanden
 Bringe sei zu der chrone
 pi deinem chint gar
  schone
 Mit wunnen wol bereit
  hat
1170. in der wunnenchleihen
  stat
 In dem hymelreiche
 da si ewichleiche
 Vreude vber vreude hant
 da schol in got sein
  erchant
1175. Da hilf in o maria
 tu plena omni gratia!

113. Sich an mines herzen not,
 Verdrif van mir der selen
  dot,
 But mir diner gnaden hant
 Und brich an mir der sun-
  den bant.

— — — — —

121. So min sele van mir sal
  varen
 So saltu vrouwe mich
  bewaren
 Vur des duvels handen
 Und vur den grozen schan-
  den,
125. Di alle sunder lident da,
 Da hilp mir o Maria!
 Gedenke an dine mildec-
  heit
 Di alles trostes crone treit,
 Und hilf mir dat ich kume
  dar
130. Mit vrouden an die engel
  schar,
 Da ich sihe din kint und
  dich.
 erhore reine vrouwe mich,
 du brenc mich vor den
  godes tron,
 Da din edel kuning salo-
  mon
135. In wunneclicher wunnen
  ist,
 Bi deme du bit vrouden
  bist.

>Da hilp mir, maget suze,
>Dat ich dich loven muze
>Dat ich vrouden muze
>haben.

Der Schluss fehlt offenbar in der Breslauer Hs. Derselbe ist zu ergänzen aus der Hs. der k. k. Hofbibliothek 3009; in derselben stehen auf Fol. 238ᵃ - 239ᵃ die Verse 84 ff. der Breslauer als ein selbständiges Gedicht oder Reimgebet, in's Alemannische umgeschrieben mit wenig bedeutenden Lesarten. Der Schluss lautet:

>In ewiger wunnen ist   Mit dem du maget vnd frouwe bist
>Vnd hilff mir Jungfrö süesze   Daz ich dich loben mûsze
>Wann du bist des lobes crone   Ob allen frouwen gesegent schone
>Hilff mir usz not du gottes krone   Vnd gib dich selber mir zu lone
>O mater o filia   Des waren gottes muoter maria
>Dir sy lobe vnd ere   Gegeben hût vnd yemer mere.

Eine andere Umarbeitung der Verse 84—139 der rhedigerischen Hs. ist enthalten in der Gothaer Pg. Hs. (Membr. II., Nr. 37), und zwar hinter des Bruder Philipps Marienleben. Jacobs und Uckert, Beiträge u. s. w. Bd. II. S. 260, geben zwar nicht den Anfang, aber einige Theile aus der Mitte und den Schluss. Nach H. Rückert, Bruder Philipp, S. 280, zählt das Ganze 90 Zeilen und beginnt mit den Versen:

>O frawe mait minnecleich
>Maria aller tugent reich

welche Zeilen zunächst mit 1110 ff. in V 2677 verwandt sind. Auch die von Jacobs und Uckert l. c. angeführten Verse deuten zunächst auf diesen in V 2677 enthaltenen Text:

V 2677.   G

1119. Dv rosen rot du lylien wiz   dv rose rot dv lilie weiz
      Du zitelose vreuden priz   dv zeitlos du frewden preis

V 2677.   G

O margensterne o svnne chlar   dv morgenstern dv svnne schoen
du minnechleiher adelar   dv mon weiz der maiden cron
Du tuerteltaube lobelich   dv turteltaub lobleich
du liechter man wun-   vber alle menschen wunnenc-
　　nenchlich   leich

1157. Du scholt besunder gnae-   dv scholt besunder gedenchen
　　　dic sin   sein
　　　allen den die ditz pu-   allen den die dicz puch clein
　　　chelin
　　　Lesent oder horent lesen   lesen oder hoeren lesen
　　　daz si saelich muezzen   daz si selig mv̈zzen wesen
　　　wesen

1175. Da hilf in o maria   dar hilf dv in daz maria
　　　tu plena omni gratia.   gotes mvter pia
                                            dv dv vns deiner hele schein
                                            daz wir dich immer lobent sein
                                            vnd hilf vns fraw lobleich
                                            in daz fron hymelreich.

Mit 1176 schliesst die Frauenklage in V 2677. Ich zweifle keinen Augenblick, dass auch noch andere Variationen dieser Frauenklage sich vorfinden.

Offenbar haben wir in dem Bruchstücke der rhedigerschen Bibliothek eine eigenthümliche Bearbeitung der Marienklage vor uns; der Beweis liegt in der Apostrophe an den h. Johannes, die Jungfrau wol zu phlegen, und die Wendung von dieser Apostrophe (55. Nu sulen wir wider keren) zur Jungfrau selbst. Diese und die in V 2677 enthaltene Marienklage gehen auf eine gemeinsame Vorlage zurück, wie die Uebereinstimmungen und noch mehr die Abweichungen überzeugend darlegen. Diese gemeinsame Vorlage scheint D gewesen zu sein. Wir erhalten somit folgenden Stammbaum, nicht der Hss., sondern der Texte, in welchem C das Buch der Märterer, und B die Breslauer Hs. bezeichnet.

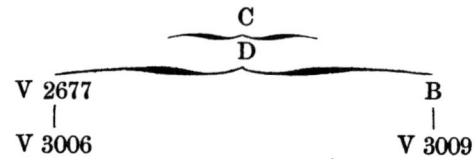

Wohin die Heidelberger und Docens Hs. gehören, bleibt zu untersuchen; Hoffmann's Hs. schliesst sich enge an V 2677 an, trotz der dreifach gereimten Abschnitte, die ihr eigen sind.

Der hier dargelegte weit greifende Zusammenhang der verschiedenen Texte der selbstständigen epischen Frauenklage, die alle durch Mittelglieder hindurch auf die im Buche der Märterer enthaltene zurückweisen, thut auf's neue dar, dass dieses Werk weit verbreitet war, und dass die hergebrachten litterar-historischen Ansichten über dasselbe in jeder Beziehung als irrig zu betrachten sind.